全国学前教育专业"十三五"规划教材
"互联网+教育"新形态一体化教材

幼儿园教育活动设计与指导

YOUERYUAN JIAOYU HUODONG SHEJI YU ZHIDAO

主编　李爱莲　夏　琳　武晶晶

电子科技大学出版社
University of Electronic Science and Technology of China Press
·成都·

图书在版编目（CIP）数据

幼儿园教育活动设计与指导 / 李爱莲，夏琳，武晶晶主编. --成都：电子科技大学出版社，2020.11（2023.3 重印）

ISBN 978-7-5647-8481-2

I. ①幼… II. ①李… ②夏… ③武… III. ①幼儿园 － 教学活动 － 教学设计 － 幼儿师范学校 － 教材 IV. ①G612

中国版本图书馆 CIP 数据核字（2020）第 227113 号

幼儿园教育活动设计与指导

李爱莲　夏　琳　武晶晶　主编

策划编辑　万晓桐
责任编辑　万晓桐

出　　版　电子科技大学出版社
　　　　　成都市一环路东一段 159 号电子信息产业大厦九楼　邮编 610051
主　　页　www.uestcp.com.cn
服务电话　028-83203399
邮购电话　028-83201495

印　　刷　唐山唐文印刷有限公司
成品尺寸　185mm×260mm
印　　张　12
字　　数　285 千字
版　　次　2020 年 11 月第一版
印　　次　2023 年 3 月第二次印刷
书　　号　ISBN 978-7-5647-8481-2
定　　价　39.80 元

前　言

学前教育是基础教育的重要组成部分,是儿童身心发展的重要阶段,对于儿童的个体发展和国民素质的提高具有极为重要的作用。随着社会的不断发展和教育改革的不断深入,人们对早期教育的重视程度越来越高,社会对早期教育的需求越来越迫切,我国学前教育专业迈入了一个蓬勃发展的新时期。

为适应学前教育专业教学需要,以教育部最新颁布的《幼儿园教育指导纲要(试行)》精神为指导思想,以培养学生的创新精神和实践能力为重点,并在吸收当前国内外学前教育的最新研究成果的基础上,由长期从事学前教育的具有丰富一线教学经验的优秀教师共同编写了一套高等院校学前教育专业教材。

本套教材根据最新的教学目标和要求,系统而简明地阐述了教学大纲所规定的内容,体现了目标明确、层次清晰、重点突出等特点;教材结合学前教育的专业特色,针对教育对象的特殊性,着眼于培养学前教育专业学生独立设计教学活动的能力,突出学前教育基本理论与实践操作紧密结合的特点;教材选用大量现实生活中学前教育的热点问题作为案例,对学生进行拓展训练,引发教育思考,体现出案例鲜活、应用性较强等特点;教材设置了多种栏目,不仅方便了教师教学和学生学习,也增强了教材的趣味性和可读性。总之,本套教材的编写突出了实用性、针对性、指导性、示范性、时代性和新颖性等特点。

本书为《幼儿园教育活动设计与指导》,是学前教育专业学生的一门专业必修教材。主要内容包括:幼儿园教育活动设计与指导概述、幼儿园健康教育活动设计与指导、幼儿园语言教育活动设计与指导、幼儿园社会教育活动设计与指导、幼儿园科学教育活动设计与指导、幼儿园数学教育活动设计与指导、幼儿园美术教育活动设计与指导、幼儿园音乐教育活动设计与指导、幼儿园综合教育。

本书在编写过程中,参考和引用了一些国内外的优秀著作和资料,在此向这些文献的作者一并表示诚挚的谢意。

本书可供高等院校、职业院校学前教育专业学生作为使用教材,也可作为早教机构和幼儿园一线教师的参考资料,还可作为社会有关人员和家庭进行学前儿童教育的参考用书。

由于编者能力有限,编写时间仓促,书中难免存在差错和疏漏之处,欢迎广大读者在使用过程中予以批评指正,以便今后修订、完善。

编　者

2020 年 8 月

目 录

第一章

幼儿园教育活动设计与指导概述

 第一节　幼儿园教育活动的概述

 一、幼儿园教育活动的实质

（一）幼儿园教育活动的含义

教育活动是一个广义的概念，是指教育者依据教育目标，对受教育者实施有目的、有计划、有组织的影响，使其发生预期变化的活动。幼儿园的一切活动都具有教育性，都应该成为促进幼儿身心发展的教育活动，不应该只指"传授文化知识"。

《幼儿园教育指导纲要（试行）》（以下简称《纲要》）"组织与实施"中明确指出：幼儿园的教育活动，是有目的、有计划引导幼儿生动、活泼、主动活动的，多种形式的教育过程。幼儿园教育活动有广义和狭义两方面的含义，广义的幼儿园教育活动是指幼儿园中一切教育活动的总和。具体包括游戏活动、教学活动和生活活动，三者构成幼儿园教育活动的有机整体，它们相互联系，相互渗透，有机结合，共同促进幼儿身心全面和谐发展。狭义的幼儿园教育活动，是指幼儿教师在一定时间内专门组织的教育活动。

我们可以从以下几个方面来理解幼儿园教育活动。

首先，幼儿园教育活动是一种有目的、有计划的活动。

幼儿园教育活动是以促进幼儿身心发展为目的的活动，在活动过程中，教师必须根据幼儿园保育与教育的目标，根据幼儿身心发展的实际水平，有目的、有计划地设计与实施具体的教育活动，最大限度地使幼儿在原有的基础上得到发展。

其次，幼儿园教育活动是引导幼儿主动活动的过程。

幼儿园教育活动是师生双方的互动活动，在活动中教师是幼儿活动的引导者，通过教师有目的、有计划地选择活动内容，创设和利用幼儿园的环境与材料，激发幼儿积极参与活动，体现教师的主导地位。同时，幼儿是教育活动的主体，幼儿通过主动参与活动，在与人、物交往中，主动地操作与探索、大胆地交往与表达，从而促进幼儿个性的发展。

最后，幼儿园教育活动是多种形式的活动。

幼儿园教育活动形式就是关于幼儿园教育活动应该怎样组织、活动时间和空间，应该怎样加以控制和利用的问题，即幼儿园教育活动进行的方式。幼儿的生理、心理特点决定了幼儿园的教育活动必须是多种多样，丰富多彩的。按照不同的分类标准，可分为：①根据幼儿园教育活动特征来划分，一日生活环节可分为生活活动、游戏活动、劳动活动、学习活动；②根据师幼互动来划分，可以是教师组织的活动，也可以是幼儿自身组织的活动，还可以是教师与幼儿相互间的活动，如集体活动、小组活动和个别活动；③根据结构来划分：有结构严谨

的教学活动、有结构较轻松的区域自选活动、有结构随意性较大的自由活动;④根据活动方式来划分,可以是幼儿按照自己想法进行的自由活动,也可以是教师按照预先制订的计划组织幼儿进行的活动;⑤根据活动地点来划分,可以是室内活动,也可以是室外活动。

教师可根据教育目标、教育内容,根据幼儿园的实际情况及幼儿身心发展水平,选择适宜的教育形式。

(二)幼儿园教育活动的特点

1.广泛性与启蒙性

幼儿园教育活动的内容、教育过程涉及幼儿生活的方方面面,可按照幼儿学习活动的范畴相对划分为健康、社会、科学、语言、艺术五个领域。各领域的内容都应发展幼儿的知识、技能、能力、情感态度等。

根据幼儿的认知水平和年龄特点,其所能接受的内容是初步的、粗浅的,应从认识简单的事物与现象入手,引导幼儿认识事物之间的关系,运用幼儿已有的生活经验,获得粗浅的知识。如幼儿科学教育的内容十分广泛,我们可以把选择范围确定在幼儿广泛的日常生活方面,如"好玩的水""各种各样的线团""有趣的滚动"等,这些内容来源于幼儿生活,能帮助幼儿理解和接受;也可以确定在广泛的学科知识方面,按知识领域确定内容,如认识植物可以从"不一样的小草""有趣的叶子""好吃的蔬菜"等开始,启发幼儿探索、获取有关植物方面的粗浅知识。

2.游戏性与趣味性

幼儿的思维具有直觉行动性和具体形象性的特点,教师在教育活动时需要借助一定的游戏或情境,唤起和调动幼儿的兴趣,吸引他们在游戏的情境中积极地交往与想象、主动地探索与交流。如"好玩的水",让幼儿在玩的过程中发现水的秘密。

3.活动性与参与性

幼儿主要在与人、物相互作用的过程中获得经验,他们的学习以直接经验为基础。所以,幼儿园教育活动是在幼儿积极、主动的活动过程中完成的,强调每个幼儿的实践与参与。

4.综合性与整体性

首先,幼儿园各类(或各个)教育活动相互联系、相互渗透,综合构成一个整体,各类或各个教育活动都是整体的一个部分,它们综合发挥作用,共同促进幼儿的全面发展。

其次,幼儿园教育活动的目标、内容、过程、方法、手法、评价以及环境、教材、设备、材料等因素相互联系,相互制约,共同构成教育活动的整体结构。

最后,幼儿园教育活动作为幼儿发展的基础和重要源泉,能使幼儿在活动中产生认知、技能、情感态度等方面的整体反映,在教育过程中应依据幼儿已有经验和学习的兴趣与特点,灵活、综合地组织和安排各方面的教育内容,使幼儿获得相对完整的综合发展。

二、我国幼儿园的教育目标概述

(一)我国幼儿园的教育总目标

《纲要》提出:实行保育与教育相结合的原则。对幼儿实施体、智、德、美诸方面全面发展的教育,促进其身心和谐发展。

幼儿园教育的总目标即幼儿园保育和教育目标:

(1)促进幼儿身体正常发育和技能的协调发展,增强体质,培养良好的生活习惯、卫生习惯和参加体育活动的兴趣;

(2)发展幼儿智力,培养正确运用感官和语言交往的基本能力,增进对环境的认识,培养有益的兴趣和求知欲望,培养初步的动手能力;

(3)萌发幼儿爱祖国、爱家乡、爱集体、爱劳动、爱科学的情感;

(4)培养幼儿初步的感受美和表现美的情趣和能力。

(二)我国幼儿园教育的五大领域目标

1.健康领域目标

幼儿身体健康,在集体生活中情绪安定、愉快;生活、卫生习惯良好,有基本的生活自理能力;知道必要的安全保健知识,学习保护自己;喜欢参加体育活动,动作协调、灵活。

(1)形成身心和谐的健康观念。健康主要包括身体健康和心理健康两个方面。

(2)养成保护和锻炼并重的健康方式。了解必要的安全保健知识并提高相应技能,形成初步的自我保护意识,是保健教育的主要目标;培养对体育活动的兴趣,增强动作的协调性、灵活性,是体育锻炼的主要目标。

(3)注重健康行为的形成。幼儿健康教育是根据幼儿身心发展的特点,提高幼儿健康认识,改善幼儿健康态度,培养幼儿健康行为,维护和促进幼儿健康的系统教育活动。

2.语言领域目标

幼儿乐意与人交谈。讲话礼貌,注意倾听对方讲话;能理解日常用语;能清楚地说出自己想说的事;喜欢听故事、看图书;能听懂和会说普通话。

(1)重视语言能力的培养;

(2)提倡早期阅读能力的培养;

(3)关注语言教育环境的创设。

3.社会领域目标

幼儿能主动地参与各项活动,有自信心;乐意与人交往,学习互助、合作和分享,有同情心;理解并遵守日常生活中基本的社会行为规则;能努力做好力所能及的事,不怕困难,有初步的责任感;爱父母长辈、老师和同伴,爱集体、爱家乡、爱祖国。

(1)建立良好的社会关系;

(2)促进幼儿自我意识的发展。

4.科学领域的目标

注重幼儿情感态度和探究解决问题的能力、与他人及环境的积极交流与和谐相处。

(1)保持、鼓励幼儿的好奇心和探究欲望；

(2)发展幼儿实际探究解决问题的能力；

(3)提高表达与交流能力；

(4)数学与科学的有机融合；

(5)关爱环境,珍爱生命。

5.艺术领域目标

幼儿能初步感受并喜爱环境、生活和艺术中的美；喜欢参加艺术活动,并能大胆地表现自己的情感和体验；能用自己喜欢的方式进行艺术表现活动。

(1)通过艺术活动激发情趣、体验审美感；

(2)艺术活动是幼儿自我表达的重要方式；

(3)幼儿的艺术活动是一种精神的创造活动。

以上五大领域的目标内容,从不同的角度提出了促进幼儿在情感、态度、能力、知识与技能等方面的发展,而且各领域之间是相互渗透、相互促进的。健康领域是幼儿成长的基础；语言领域是幼儿交流交往、提高认知水平的基本条件；社会领域是幼儿发展的组成部分；科学、艺术领域是培养幼儿素质全面发展的重要方面。

(三)幼儿园教育活动目标层次及关系

1.幼儿园教育活动的目标,以时间维度来划分,可分为五个层次

第一层次为幼儿教育总目标,即幼儿园保育和教育目标,它是幼儿园三年教育志在实现的理想目标；

第二层次为幼儿在五大领域的发展目标；

第三层次为各年龄班幼儿发展的目标；

第四层次为各年龄班幼儿发展的学期目标；

第五层次为各年龄班幼儿发展的一日生活或一个具体活动的教育目标。

2.把幼儿园保育和教育目标作为最高目标,然后以课程目标的层次作维度,将幼儿园教育活动的目标分为以下四个层次

(1)课程目标。既指幼儿园课程的总目标(在综合课程中),又指幼儿园某教育领域的课程目标。如在分科或相关课程模式中,按活动对象的性质和功能的不同,分为"幼儿园健康教育活动目标""幼儿园社会教育活动目标""幼儿园科学教育活动目标""幼儿园语言教育活动目标""幼儿园艺术教育活动目标"。

(2)年龄目标。即小、中、大三个年龄班的一年性目标。如在分科(相关)课程模式中,将"幼儿园科学教育活动"的目标分解成"小班科学教育活动目标""中班科学教育活动目标"

"大班科学教育活动目标"。

（3）单元目标。按不同的课程模式,单元目标通常有两种形式:

① 按时间单元划分,相当于学期计划、月计划和周计划中的教育活动目标;

② 按主题单元划分,相当于主题活动的目标。

（4）教育行为目标。即指每日或每次具体的教育活动所要达到的目标。

3.幼儿园教育目标层次的关系

以上五个层次的目标组成了一个金字塔式的幼儿园教育活动目标系统。它们相互联系,相互制约。其关系是:

（1）根据我国幼儿教育的总目标层层分解而制定,并且是用总目标来检查评定的。从第一层到第五层,每一层目标都是上一层目标的具体化,又受上一层目标的制约,下层目标与上层目标之间协调一致,由此共同构成达到总目标的阶梯。

（2）阶段性目标之间具有连续性和渐进性。

三、幼儿园教育活动的内容

幼儿园教育活动的内容是实现教育活动目标的载体,其合适与否,直接影响到目标能否顺利地实现。因此,幼儿园教师应当选择适当的活动内容。

(一)幼儿园教育活动的内容

教师组织幼儿在园的一切活动都是教育活动。因此,按照幼儿在园一日活动的类型,可以将幼儿园教育活动的内容分为以下四类。

（1）生活活动的内容。如,进餐、午睡、吃点心、如厕、盥洗等。

（2）游戏活动的内容。如,角色游戏、结构游戏、其他区角游戏等。

（3）劳动活动的内容。如,穿脱衣服、叠被子等自我服务劳动,整理自然角、擦桌椅等公益劳动等。

（4）学习活动的内容。如,健康、社会、科学、语言、艺术等五大领域,各领域的具体内容如下。

健康领域包括:身体、心理保健部分和身体锻炼部分。

社会领域包括:社会环境、人际关系、社会行为规范和社会文化四个方面。

科学领域包括:数学与科学两部分。数学部分包括:分类、排序与对应,10 以内的数及其加减,几何形体、量、空间和时间。科学部分包括:自然现象、物质世界及其相互关系,常用的科技产品及其对人类的影响和人体的奥秘及其保护等。

语言领域包括:谈话、讲述、听说游戏、文学作品和早期阅读五个方面。

艺术领域包括:音乐和美术两部分。音乐部分包括:唱歌、韵律活动、打击乐器演奏和欣赏四个方面。美术部分包括:绘画、手工和欣赏三个方面。

(二)幼儿园教育活动内容选择的原则

1.内容和目标相一致的原则

一是内容层次应与目标层次相一致。即目标层次越高,则相应的内容层次越抽象;反之,则越具体。

二是内容是实现目标的载体。因此,选择的内容应有利于目标的实现。一般来说,单一学科课程的内容主要由学科的性质所决定,且一般是由国家根据课程的目标规定的(见《纲要》),各幼儿园主要是依据年龄目标,结合课程内容选择适合各年龄班幼儿学习和活动的教育内容。或依据各年龄班某一阶段(学期、月、周)的单元目标,结合教育内容选择适合该年龄阶段幼儿学习和活动的主题,并由此去选择或创编具体的活动内容。

2.活动主题的多功能原则

在多领域整合教育和综合性主题教育课程中,教育活动的内容往往直接用主题的方式呈现,并由主题去组织丰富多样的活动内容。主题来源于幼儿周围的生活、幼儿的经验及幼儿活动与发展的兴趣和需要,因此,我们选择主题时需要考虑的是,活动主题是否具有或蕴含丰富活动资源,是否有可能围绕主题组织多样化的活动,即是否具有多功能的特点,以及由此展开的活动能否促进幼儿认知、情感、态度、技能等方面的协调发展等内容。

如以小班"玩具"这一活动主题为例予以说明:

(1)可利用玩具组织幼儿进行匹配、分类、排序等数学教育活动;

(2)可组织幼儿开展"玩具滚滚""会唱歌的玩具""我会做玩具"等科学教育活动;

(3)可组织幼儿进行"我帮玩具找到家""爱心行动""我喜欢的玩具"等社会或语言教育活动;

(4)可组织幼儿进行"美化玩具""画玩具""玩具进行曲"等美术或音乐教育活动等。

类似这样的主题就具有明显的多功能的特点。

3.教育活动内容的时代性原则

选择教育活动内容一方面要随着时代的发展和科学技术的不断进步,补充或更新教育内容,以适应时代发展变化的要求;另一方面,要根据幼儿身心发展的特点,现代幼儿无论是知识经验还是技能操作经验,较之以前的幼儿已有较大的变化和提高。因此,在选择教育活动的内容时,需选取反映现代幼儿特点的内容。

4.因地制宜选择教育活动内容的原则

我国幅员辽阔,各地经济发展的状况和教育条件不尽相同,且各地区的教育资源也有较大的差异。因此,各地的幼儿园在选择幼儿园教育活动的内容时,应尽量反映幼儿园周围环境和社区的特点,充分利用当地的教育资源和条件,使教育活动的内容本土化、区域化。

第二节　幼儿园教育活动的设计策略

幼儿园教育活动的设计是实施幼儿园教育活动的前提条件。其在广义上是指幼儿课程的设计,即是指幼儿园依据一定的教育目标,有计划、系统地设计各层次教育教学计划(方案)的过程。它是一个系统工程,整个系统是由若干子系统构成的。其在狭义上是指一个个具体的教育活动的设计,每个教育活动的具体设计包括活动目标、活动准备、活动过程、活动延伸等方面。

一、幼儿园教育活动设计的原则

幼儿园教育活动设计的原则是教师设计教学活动方案必须遵循的基本要求和指导思想。

(一)科学性原则

科学性原则是指教师设计的教育活动内容应该是正确的、符合客观规律的,并能够帮助幼儿正确认识事物,形成正确的概念。同时,教师在设计教育活动的结构时,也应该符合幼儿的发展水平和认知特点。

贯彻科学性原则时,要做到以下两点。

1.教育活动的目标要科学合理

在确立目标时,要符合幼儿的年龄特点和已有的知识技能水平;目标的确立要全面、具体、适中,使大部分幼儿经过努力可以达到。

2.教育活动的结构要科学合理

活动目标的确立、活动内容的选择、活动形式和方法的运用、教育环境的创设等都是为了实现教育目标,它们在教育功能上互相作用、互为条件,以使教育活动的结构达到科学合理。

(二)发展性原则

发展性原则是指设计幼儿园教育活动要能促进幼儿个性的全面发展,使幼儿从现有的水平向最近发展区发展。

贯彻发展性原则时,要做到以下三点。

1.充分考虑幼儿的可接受性

教育活动的内容、方法、分量和进度适合幼儿身心发展水平,教育目标应有一定的难度,略高于现有的发展水平又不超过发展的可能性,使大部分幼儿经过一定的努力能够达到。

2.充分考虑幼儿发展的全面性

幼儿的发展是全面的,包括身体、认知、情感个性及社会性等方面,教育活动设计应着眼

于追求幼儿全面素质的提高,不偏重于某一方面。

3.充分考虑幼儿的个别差异,因人施教

幼儿是活动的主体,幼儿身心发展的水平是有差异的,要求从幼儿的实际情况、个别差异出发,进行有差别的教育。在教育活动中,一方面,既要面向全体幼儿提出较为统一的要求,又要照顾个别差异,对不同水平的幼儿分别提出不同的要求,因人施教;另一方面,教师对每个幼儿的情况要用发展的观点对待,对他们的发展做出科学分析,使每个幼儿都能在原有的基础上获得最大限度的发展,由现有发展区向最近发展区过渡。

(三)活动性原则

活动性原则是指幼儿园教育活动设计应以活动为基本形式,在活动中学习,促进幼儿全面发展。

贯彻活动性原则时,要做到以下两点。

1.给幼儿充分的活动机会

幼儿的发展是幼儿通过不断获得各种经验而实现的,经验的获得是通过自身的操作,与人、物交互作用实现的。因此,要给幼儿充分的活动机会,让其在活动中动手、动脑、动嘴,获得经验。

2.激发幼儿主动活动

为幼儿提供丰富的物质材料,创设能引发幼儿活动的环境,把游戏作为基本的活动,激发幼儿参与活动的主动性和积极性。如,小班健康活动中,对幼儿"爬"有明确的目标和要求,让幼儿机械地练习爬显得枯燥无味,难以引起幼儿的兴趣,如果设计一个"蚂蚁爬爬爬"的主题活动,创设蚂蚁妈妈带小蚂蚁散步、游戏、搬食等情景,让幼儿置身于游戏之中,在一系列游戏场景的变换中,练习手膝着地自然协调地向前爬、倒退爬,从而激发幼儿爬的兴趣,提高幼儿爬的能力。

(四)整合性原则

整合性原则是指在设计教育活动时,不仅要充分发挥活动内容、形式、过程等各因素的功能,还应加强各因素间的协调、配合,发挥其整合效能,从而促进幼儿的整体发展。

贯彻整合性原则时,要做到以下三点。

1.注重教育内容的整合

把各个教育领域的内容以合理的方式整合起来,或把每一个教育领域的内容有机地整合起来,使之形成合理的、科学的网络结构,发挥整合教育的效应,实现多方面的发展目标。

2.强调教育活动形式的整合

把上课、游戏、休息、日常生活的安排整合起来,把集体活动、小组活动、个别活动整合起来,统一活动、自选活动、自由活动整合起来。这些活动形式互相配合,发挥各自的优势,实现教育目标。

3.实现教育环境的整合

注重班级环境、园内环境、室外环境的优化和组合,注重环境中物质因素和精神因素的整合。

二、幼儿园教育活动设计的步骤

(一)幼儿情况分析与设计意图

情况分析是教育活动设计的第一步。只有对幼儿的现有情况心中有数,教师才能确定活动的目标、内容和组织形式。情况分析多以隐性的形式存在。情况分析主要是分析幼儿已具备哪些与该活动有关的知识、技能、能力、兴趣,存在哪些问题,以及幼儿的个别差异等,从而使一个活动能满足所有幼儿的需要。

设计意图主要是阐述该主题产生的原因及与幼儿的关系,包括幼儿的兴趣及发展的需要,幼儿已有的经验,幼儿可获得的新经验等,教师开展活动的有利条件,该主题可以达成的目标等。

(二)教育活动目标的设计

活动目标是指通过某一次或某几次教育活动所期望取得的效果。它指明了教育要达到的标准和要求,是开展教育活动的依据。它不仅对教育内容、教育方法、教育手段和教育活动形式产生影响,也影响着教育的结果(即幼儿的发展)。

1.活动目标主要包括三个方面

(1)情感、态度方面;

(2)认知方面;

(3)行为技能方面。

2.活动目标表述的要素

幼儿园活动目标的表述,教育学家比较一致的看法是:重点应说明学习者行为或能力的变化。活动目标表述的基本要素包括:(1)行为。通过活动幼儿能做什么,指向的是幼儿的行为变化,关注的是幼儿的行为结果,具有客观性、可操作性。(2)条件。说明这些行为在什么条件下产生。(3)标准。指出合格行为的最低标准。如,小班绘画活动"画妈妈"的活动目标是:通过观察妈妈放大的照片学习画妈妈的脸,能画出脸的主要部位,进一步激发幼儿爱妈妈的情感。该目标幼儿要达到的行为结果是能画出妈妈的脸,条件是通过观察妈妈放大的照片,标准是能画出脸的主要部位。

在教育活动的目标表述中,行为的表述是最基本的成分,我们常常用一些动词来表达,如"理解""掌握""欣赏""培养"等词,有的还在动词前加上"深刻""充分"等词,如"深刻理解""充分掌握",反映活动要求的提高。

3.活动目标表述的形式

教育活动目标表述的形式有多种,从教育活动的主体看,有两种方式:

(1)表述教师的行为:说明教师在活动中应该做什么,如"为幼儿提供……""重点示范

……动作"等。

（2）表述幼儿的行为：表述幼儿的行为变化，如"通过观察发现……""清楚连贯地讲述……"等。

4.活动目标表述的要求

（1）具有可操作性，避免过于笼统、概括和抽象。

如中班健康教育活动"刷牙"的活动目标之一：学习正确的刷牙方法，养成早晚刷牙的好习惯。这个目标具体、明确、便于操作。如果换成"培养幼儿良好的卫生、生活习惯"，这样就太笼统、太抽象，在操作过程中及检查活动效果时难以把握。

（2）要清晰、准确、可检测，不能用活动的过程和方法来取代。

活动目标的表述包括行为、条件、标准等，其中核心的要素是行为的表述，但教师通常用活动的过程和方法来替代活动的结果。如科学活动"乘坐公共汽车"的活动目标之一：在观察和游戏的过程中，幼儿把对汽车的兴趣转化为理解汽车的好奇心。用活动的过程来替代活动目标，目标模糊、不准确，难以检测。

（3）从统一的角度表述目标。

活动目标中，行为的发出者应一致，都是教师，或都是幼儿。在一般情况下，教师的"教"常用"教育、帮助、激发、要求"等词语表述，幼儿的"学"常用"学会、喜欢、说出、创编"等词语表述。

（4）一个目标要通过多种活动来实现，一个活动要指向多个目标。

教育活动目标和相应的教育活内容并非一一对应的关系，幼儿园教育活动具有综合性和整体性的特点。一方面教师要善于整合各个教育活动，围绕一个目标协调各种教育活动来实现它。例如：中班科学活动"水"的目标之一是理解水的特性，懂得保护水资源。可以开展的活动有"好玩的水""水从哪里来""水的用处大"，使幼儿在不同的活动中，通过不同的教育过程和手段了解水的特性，并懂得保护水资源。另一方面教师要最大限度地发挥某一活动的教育功效，使一项活动能实现多方面的教育任务。例如：大班美术活动"黑白配"的活动目标是欣赏生活中黑白配的物品，感受黑白装饰所带来的美感。能大胆地运用点、线、面及黑白色彩来装饰物品，尝试在各种黑白用品上进行绘画创作。一项活动要实现寻找与发现、欣赏与比较、尝试与表现、欣赏与评价等多方面的教育任务。

（5）活动目标的表述要尽可能全面。

虽然，不同的教育活动的教育目标应有所不同，且应有各自的重点目标，但总体而言，除了突出本活动的重点目标外，还要兼顾其他方面的目标，每一个教育活动的目标原则上都应包括情感、态度目标、认知目标、行为技能目标等。

（三）教育活动准备的设计

准备工作是实施活动的前提，它直接影响着幼儿参与活动的积极性、活动的进程和实际效果。

活动准备包括：知识准备、情感准备、材料准备和空间环境准备。

教育活动
准备的设计

1.知识准备

知识准备包括两个方面：一方面是教师要具备相关的知识。开展某一个具体的活动，只

有教师了解相关的知识,才能深入浅出地指导幼儿。当幼儿提出问题时,又能因势利导,或给予适当的帮助。所以,教师除了平时积累知识外,在开展某个活动之前,查阅相关的工具书以广泛地了解相关知识是非常必要的。另一方面是要了解幼儿具备哪些与该活动相关的知识、技能与能力水平,以便有针对性地开展教育活动。如大班讲述活动"可爱的花",其中的一项活动准备是:每人在家较细致地认识一种花,并在家长的配合下,了解一些有关花的常识。这就是幼儿讲述"花"的知识的准备。

2.情感准备

幼儿的活动需要情感的支持。而幼儿的情感又容易受到成人的影响和感染。教师自身能否以积极的情感投入活动的指导中去,会直接关系到幼儿在活动中的情感体验,并影响活动的效果。

3.材料准备

活动之前准备材料的工作往往是一项艰巨的任务。教师可以采取各种方法,发动大家一起来准备。活动材料既可以由教师准备,也可以是教师带领幼儿事先收集,还可以让幼儿从家中带来,教师再根据幼儿带来的材料有目的地加以补充。如,大班主题活动"服装布料真多呀"活动准备之一是:请家长帮忙,在家中或缝纫店收集各种各样的小布料带到幼儿园。这样不仅减轻了幼儿教师的工作负担,还把材料的准备巧妙地变成活动的前奏,家园联系的途径。

4.空间环境准备

空间对于活动的开展也是非常重要的。比如,提供什么样的活动场地,是在室内还是室外? 如果在室外,是在室外的空地还是自然环境中? 如果在室内,是需要桌面的空间还是地面的空间? 甚至连活动室内桌椅的摆放,也要考虑到活动的需要:怎样有利于幼儿的独立操作,怎样有利于幼儿之间的讨论交流? 种种因素都会影响活动的效果。

(四)教育活动过程的设计

1.分析教育内容

(1)把握教育内容中的重、难点,真正做到重点突出,难点突破。

(2)挖掘教育内容中有利于促进幼儿发展的因素,保证目标的顺利实现。

2.设计活动过程

活动过程包括开始部分、基本部分和结束部分。

(1)活动的开始部分。

教师可以通过各种各样的方法将幼儿导入活动中。开始部分时间不能太长,要控制好时间。

(2)活动的基本部分。

在设计基本部分时,主要考虑以下几点:

① 大体分为哪几个步骤?

② 每个步骤必须完成哪些内容? 采用什么方式方法?

③ 哪一个步骤是重点? 哪一个步骤是难点? 怎么突出重点? 怎么突破难点?

④ 每个步骤的时间大体怎样分配?

⑤ 每个步骤如何进行清楚的陈述？

⑥ 用什么方式来进行步骤之间的过渡？

（3）活动的结束部分。

活动的结束部分的设计主要考虑结束的方式。教师需要精心地设计活动的结束方式，既要使这一次活动圆满地结束，又不能就此结束幼儿对活动的积极性。活动结束的设计要充分体现开放性，在形式上不必拘泥于常规。

3.选择教育方法

（1）教育方法的类型。

幼儿园教育活动的方法，是指教师和幼儿在活动中，为完成教育目标所采用的具体方式和手段。它包括两种含义：一种是指教师在组织幼儿活动时，指导幼儿学的方法；另一种是指幼儿在活动中所采用的学习方法。幼儿园教育活动常用的方法按不同性质可分为三大类，每一类又可分为不同方法。

① 口头语言法。指运用口头语言指导幼儿学习的一种方法，主要包括：讲述法、讲解法、谈话法、讨论法、语言评价法等。

② 直观教育法。指教师借助于实物、教具，设计相关的教育情境，将教育内容直观地展示给幼儿，实现教育目标的一种方法。如，演示法、范例法、榜样法、情境表演法等。

③ 实践法。指教师为幼儿创设一定的环境，提供充足的实物材料，让幼儿通过自身的实践、练习活动进行学习的方法。如，观察法、游戏法、操作法、探究法、移情训练法、练习法等。

（2）选择教育方法的要求。

① 根据教育活动目标选择教育方法。

特定的目标往往需要特定的教育方法来实现，如认知领域有知识、理解、应用、分析、综合、评价六个层次。通常，只要求达到识记、了解层次的，可选用讲述法、讲解法和阅读法等；要求达到理解层次的，可选用质疑法、探究法、启发式谈话法等；要求达到应用层次的，则应选择练习法、迁移法和讲评法等；而对于高层次的目标，如分析、综合、评价，则应选择比较法、解决问题法、讨论法等。所以在选择教育活动方法时，一定要考虑教育活动所追求的目标是什么，然后根据不同种类的目标选择相应的教育方法。

② 根据活动的具体内容选择教育方法。

不同的教育活动内容制约着教育方法的选择。即便是同样的教育活动目标，领域性质不同，具体内容不同，所要求的教育方法不一样。例如：同样是培养幼儿的操作能力，科学领域多用探究法、实验法，而艺术领域多用练习法。

③ 根据幼儿的年龄特征和学习特点选择方法。

教育方法的选择应考虑幼儿的年龄特点和知识经验准备情况，如幼儿对某一事物已有大量的感性经验，教师就无须选择演示法，反之，就用直观教具进行演示，帮助幼儿理解。同时，对处在不同年龄的幼儿和思维水平不同的幼儿要采取不同的教育方法，如发现法和讲解法，对于小班幼儿往往不能达到预期的效果，角色扮演法、游戏法更能激发幼儿活动的兴趣和积极性。所以,教育方法的选择,既要考虑幼儿的年龄特征,又要考虑如何发挥幼儿的主体性,这样选择的方法才能最有效。

④ 各种教育方法的有机结合,发挥最佳功效。

每一种教育方法都有其独特的功能和长处,同时也有其局限性和不足之处。比如,讲授法,它对陈述性知识的教学比较有效,但它对技能的教学则效果较差。在进行技能教学时,讲授法只有在初期告知操作规则时才是有效的,如果教师一味地依赖讲授法,幼儿就会失去练习的机会,很难促进幼儿相应技能的形成。

由于教育活动目标的多层次化,教育活动环节的多样性,必然要求教育方法的多样化。要保证教育活动目标的全面实现,教育活动中往往要求选择几种能互补的方法,并把它们有机地结合起来。

4.确定教育组织形式

幼儿园教育活动形式一般有集体教育活动形式、小组教育活动形式、个别教育活动形式等。这些组织形式既可以在一个教育活动中综合使用,也可以独立使用。

三、幼儿园教育活动计划的编制

要写好教育活动计划,首先要选择适合各年龄班幼儿的教育活动内容,确定课题名称,然后对教育内容进行深入的分析,拟定活动目标,围绕目标展开流程设计。一个完整的教育活动设计包括:课题名称、活动目标、活动准备、活动过程,如有必要,最后还有活动延伸。

现以科学活动为例,了解一下教育活动计划的编制及格式。

活动案例 1-1

转起来(大班)

活动目标

(1)在试试、玩玩中,了解转动的意思,探索使各种物体转动的方法,体验操作探索带来的乐趣和成功感。

(2)关注转动在日常生活中的运用,感受现代科技带给人们的方便。

活动准备

(1)幼儿第一次探索用的物品:纸杯、盘子、积木、废弃的光盘、勺子、笔、绳子、饮料瓶、呼啦圈等,物品数量多于幼儿人数。

(2)幼儿第二次探索用的物品分组摆放:塑料齿轮玩具;当中有孔的积木、纽扣、光盘、绳子;细竹签、花型纸片;卷笔刀、铅笔;筷子、勺子,两只小碗中各盛半碗水。

(3)"转""搓""拧""拍""跑"等字卡各一张。

(4)风车若干(与幼儿人数相等)。

活动过程

1.游戏:迷迷转

(1)介绍游戏玩法:孩子们,我们现在来玩一个"迷迷转"的游戏。游戏的玩法是这样的:大家张开双手,边念儿歌边自转,"迷迷转,迷迷转,转到天空我不动!"儿歌结束时就站在原地不动,并做一个与众不同的动作。然后我数数字1~10。如果我数到10,大家还能保持不动的话就算胜利。

(2)师幼一起游戏。

2.探索让各种物品转动起来的方法

(1)交代任务。

活动室的这些物品看大家玩得很开心,也想玩"迷迷转"的游戏。请大家帮帮忙,让这些物品也转动起来吧!

(2)幼儿操作,教师观察并指导。

①当幼儿把笔放在手心并搓动时,教师提问:"你是用什么方法让笔转动的?""这是什么动作?"

②"除了这种方法,还有别的方法能使它转动吗?"

③"请你再试一试其他的材料,能不能让它们也转起来。"

(3)交流与分享。

①请你们讲一讲,你玩了什么东西?是怎样使它转起来的?

②出示字卡,师幼一起总结探索方法。

小结:你们用转、搓、拧、拍、跑……那么多方法使物品转动起来了,真了不起!

3.引出转动和"力"的关系

(1)今天,老师还给每个小朋友带来了一件好玩的玩具,请你吹一吹,与好朋友比一比谁的风车转动得快,为什么会转得快?

(2)提问:孩子们,在吹的过程中,你发现了什么有趣的现象?

(3)谁到前面来讲一讲你的发现? 请你演示给大家看。

小结:吹的时候用力大,风车转得快;用力小,风车转得慢。

4.通过创造性地组合,探索让两种物品一起转动起来的方法

(1)交代任务。

请你用一样物品帮助另一样物品转动起来。

(2)幼儿操作探索,教师观察并指导。

①提问:你是把什么和什么放在一起,使它转动起来的?

②提问:你在哪里也看见过这种转动?

5.了解转动在生活中的应用

(1)请1~2个幼儿演示创造性地转动物品。

一个幼儿演示用筷子或绳子让光盘转动,教师提问:光盘除了这样转动,还可能在哪里转动? 光盘在播放器上转动后,会怎样呢?

小结:光盘在播放器上转动给我们带来美妙的音乐、精彩的动画片,让我们的生活更美好。

(2)提问:家里除了播放器会转动,还有什么会转动?

小结:

有的小朋友说:"我家的电风扇会转,能让我觉得很凉快。"有的说:"我家的闹钟会转,它能告诉我几点了,还能准时叫我起床。"还有的说:"果汁机会转,能让我喝上甜甜的果汁。"……原来转动可以给我们带来这么多方便和快乐!

(3)谈话:如果你是小小发明家,你想让什么转动起来? 它转动以后,能给我们带来什么好处呢? 让我们在今后的生活中去仔细观察和发明吧!

 活动延伸

(1)玩游戏"身体转转转",让幼儿探索转动的原理。

(2)教师和幼儿一起去室外寻找可以转动的物体。

 # 第三节 幼儿园教育活动的指导策略

幼儿园教育活动指导策略是教师为促进幼儿发展,在与幼儿互动的过程中所采取的一系列特定的指导方式、方法,是教育活动科学性和艺术性的体现。幼儿教师根据具体的活动情境和幼儿的需要及时调整教育方法,这既是教育机智的外在表现,也体现了教育常规操作的技能。幼儿园教育活动指导策略主要包括:观察幼儿策略、活动组织策略、教学方法策略、语言使用策略等。

一、教育活动中观察幼儿的策略

幼儿园教育活动的合理开展起始于对幼儿的观察,观察是研究幼儿发展与教育教学的有效途径。

(一)观察的要求

(1)观察要目的明确。

(2)观察要全面客观。

(3)观察的记录要系统准确。

(二)观察的步骤

(1)设定观察目标。

(2)实施观察。

（3）解释观察资料。

（4）分析观察结果。

（三）观察记录的方式及要求

观察记录的方式：文字描述、列表打勾、等级评定、录音录像等。

观察记录的要求：快、细、全。记录越系统准确，作用越大。

二、教育活动的组织策略

（一）导入的一般策略

1.导入策略的要求

导入要具有启发性、针对性、趣味性、艺术性和简洁性。

2.导入策略的类型

（1）直观导入策略：演示导入、材料导入、故事导入等策略。

（2）问题导入策略：悬念导入、直接问题导入等策略。

（3）知识联系导入策略：递进导入、直接导入、衔接导入等策略。

总之，导入活动的方式很多，并没有固定的"格式"或要求。其宗旨是引起幼儿对将要学习的内容的注意，激发幼儿对有关内容的学习兴趣。教师可以根据活动的内容灵活地加以选择，以取得较好的效果。

3.活动导入技能训练

（1）请分析下列案例采用了哪些类型的导入，并仔细体会教师的导入语。

案例1：

在小班语言活动"美丽的小船"中，活动开始时教师说了这样一段话："在一片大森林里，一群小动物们比赛看谁的小船最漂亮。看，有的小船是香蕉做的，弯弯的香蕉船又黄又香；有的小船是大鞋子做的，坐在里面又稳又舒服；还有的小船谁也猜不出它是什么做的，小朋友们，你们想知道吗？让我们一起到比赛现场看看精彩的小船大赛吧。"听了教师形象生动地描述，幼儿迫切地希望马上到"比赛现场"去，看看老师所描述的"小船大赛"。

案例2：

小班科学活动"图形食品品尝会"中，活动开始时教师说："今天有许多图形宝宝来和我们一起做游戏，他们是谁呀？"教师逐一出示图形，幼儿说出图形宝宝名称。教师说："你们知道这些图形宝宝爱藏在哪里吗？"幼儿说出藏在活动室周围的物品中。教师出示水果娃娃说："图形宝宝除了爱藏在××地方外，还爱藏在哪里？"幼儿说出爱藏在食品中。"有哪些食品藏有图形宝宝呢？我们一起去看一看。"

（2）把学生分成四组，每组推荐2~3名同学改编以上案例的导入环节，并试讲。

（二）活动过渡的一般策略

1.活动过渡策略的要求

（1）自然合理。教师必须把握前后环节内容的性质，弄清前后两个环节之间的关系，考虑衔接的方法。

(2)衔接紧凑。新旧知识前后呼应,使旧知识产生意义,又使新知识纳入已有的认知结构中,促进幼儿思维的发展。

2.活动过渡的类型

(1)分析性方法——逻辑深化关系。即后一个环节是对前一个环节的进一步深化。

(2)演绎性方法——推论关系或具体应用关系。即后一个环节是前一个环节的推论或具体应用。如,科学活动"认识磁铁",教师在帮助幼儿了解磁铁能吸铁后,说:"小红的奶奶不小心把缝衣针掉到地上,怎么也找不着,你们猜猜,小红会想什么办法帮奶奶找到针?"从而过渡到下一个环节,了解磁铁在生活中的应用。

(3)转移法——并列关系。即前后两个环节具有不同的性质,教师要使幼儿顺着联想的思路,就需要巧妙地运用语言、活动或材料来进行转移。如,大班散文诗《听雨》,可分为说雨—听雨—雨趣三个环节,在第一环节向第二环节过渡时,教师说:"下雨了,小花蝴蝶在干什么呢?"从"小花蝴蝶"角色引入,引出诗歌《听雨》。由"说雨——感受雨与我们心情的关系"转移到"听雨——欣赏诗歌,交流表达对雨(声)的经验与想象"。

3.活动过渡技能训练

(1)说说下面案例采用了哪种类型的过渡,并分析其过渡语的优势与不足。

案例:科学活动"怎样移动物体"。可设计为观察、自由操作、做小实验探索"力与运动之间的关系"、游戏等环节,其中第二环节向第三环节过渡时,教师说:"刚才这些小玩具动起来没有? 为什么会动?""那么,请你们试一试,还有哪些方法能够使玩具移动?"这样自然过渡到第三环节,探索让玩具动起来的各种方法,了解力与运动之间的关系。

(2)自选一个教育活动教案,说出其各环节的过渡语,在小组中进行试教并评析。

(三)掀起高潮的一般策略

1.活动高潮策略的类型

(1)悬念策略。

利用幼儿急切期待了解结果的心理,集中幼儿的注意力,唤起学习兴趣。如:认识"6、7、8"的相邻数,运用摸彩票的游戏,产生悬念,激发幼儿参与活动的强烈动机。

(2)情动感染策略。

根据幼儿的认知活动总是充满感情色彩的特点,活动中教师设法使幼儿获得强烈的情感体验,达到活动的目的。如:教师朗诵诗歌可在轻音乐伴奏下进行,使幼儿陶醉其中,产生强烈的情感共鸣。

(3)随机应变策略。

随机应变策略即教师对偶发事件巧妙应对,将活动推向另一个高潮。

(4)奇特操作策略。

教师利用新颖、奇特的材料,有效地激发幼儿的学习兴趣,形成高潮。如,科学活动"制作跳跳糖",材料对幼儿来说较新奇,幼儿在操作活动中不断地获得新的发现,惊喜之情溢于言表,从而将活动推向高潮。

（5）启发诱导策略。

通过教师的循循善诱和层层点拨，引导幼儿发现事物之间的关系变化，让幼儿在活动中得到启迪而达到活动高潮。如童话故事《胆小先生》，通过教师的启发诱导，让幼儿在胆小先生勇敢精神中得到启迪："我是很有力量的！"达到活动高潮。

（6）参与表演策略。

教师设计情境让幼儿身临其境地感知，加上幼儿生动的表演，使教育活动达到高潮。

（7）竞赛策略。

教师运用竞赛的形式，使活动达到高潮，符合幼儿心理发展的特点。

2.活动高潮技能训练

（1）说说下面案例运用了哪种类型的活动高潮策略，并分析其优劣。

案例：

中班老师在教唱新歌《小花猫和小老鼠》时，创设情境：一只小老鼠悄悄地走出了门，东看看、西瞧瞧，没看见小花猫，很是得意，高高兴兴地唱起了歌来（一只小老鼠，瞪着小眼珠，龇着两颗牙，长着八字胡）。小老鼠正在乐滋滋偷吃粮食时，只听"喵、喵、喵"的叫声，吓得小老鼠连滚带爬跑回家（歌声起：一只小猫，喵、喵、喵，吓得老鼠赶紧往回跑）。然后，教师和幼儿一起边唱边玩"猫和老鼠"的游戏。

（2）观看课堂实录，说说该活动中的高潮部分在哪个环节。并分析教师是如何运用活动高潮策略的。

（四）活动结束的一般策略

1.活动结束的策略要求

首尾对应、结构完整；留有余兴、延伸扩展；水到渠成、适可而止。

2.活动结束策略常见类型

（1）总结归纳策略。

教师简明扼要复述要点，或启发幼儿回忆复述要点，引导幼儿创编（或使用现成的）儿歌、游戏形象化地总结。如，"10以内数字"教学，结束时，教师根据每个数字的形状编了儿歌："1像小棍细条条，2像鸭子水上漂……"将知识归纳总结，变得生动有趣。

（2）水到渠成策略。

按照活动内容顺序，根据幼儿认知规律一步步进行，最后自然收尾。此策略需在活动过程中环环相扣，才能达到预期目的，水到渠成地结束活动。如，音乐活动"小花猫和小老鼠"，结束部分将幼儿分成两组，一组扮演"小花猫"，一组扮演"小老鼠"，在音乐声中，玩"猫捉老鼠"的游戏，互相逗乐，在玩中结束活动。

（3）操作练习策略。

教师提供充分的材料，让幼儿在操作、练习中复习巩固所学知识。如，在"复习几何图形"活动结束时，教师为幼儿准备积木、橡皮泥等材料，让幼儿玩结构游戏，进一步引导幼儿体会几何图形的应用价值。

（4）延伸扩展策略。

有时,在某个活动结束之后,还可以引发并组织其他的活动以促进该活动目标更好地达成,这些都可以写在活动延伸部分。延伸作为机动性部分,可以在教学之后的游戏或其他活动中进行,也可以延伸至家中的活动。

此外,还有游戏表演策略等。

3.活动结束技能训练

评析两个活动的结束方式,指出其运用了哪种类型的活动结束策略,并分析优劣。

三、教育活动的语言运用策略

(一)提问的策略

提问的策略

1.启发式提问策略

（1）当教师发现幼儿对某些现象或材料感兴趣,而这种兴趣对于生成新的主题极有价值时,可通过启发性提问将幼儿引入探究的主题。如,户外活动,幼儿围着蚂蚁指指点点,教师问幼儿:"小蚂蚁在干什么呀? 它们为什么要搬家?"从而将幼儿引入探究"下雨前,小动物的活动与平时有什么不一样"的主题活动。

（2）当幼儿在活动中面临困难时,可通过启发性提问引导幼儿思考、讨论和探究。 如,在探索"哪些物体有生命"的活动中,幼儿得出"会活动的就是有生命的"结论。这时教师提问:"飞机能飞,是不是有生命的?"从而启发幼儿进一步探索。

2.发散性提问策略

（1）发散性提问可以在幼儿努力完成作品时,教师通过提问,引导幼儿对自己的"创作"进行表述。如,问:"你的风车是怎样做成的?"从而引导幼儿讲述风车的制作过程。

（2）发散性提问也可以在幼儿的思维或想象单一狭窄时,通过提问,引导幼儿转变思维方向,在新旧知识联系基础上构建概念。如"它是什么样的?""它像什么?""它们一样吗? 有什么不一样?"等问题,答案是完全开放的,可以让幼儿展开创造性的联想。

3.层叠式提问策略

层叠式提问策略即教师将探究问题前后关系连成一条推进线索的层叠式问题,在层层深入的问题中,不断推进幼儿的思考和探索。如,大班"我长大了"的活动中,教师不断地提出新的问题:"看看这些衣服鞋子哪些你能够穿得合适?""婴儿的衣服鞋子你们都穿不合适,是为什么?""长大了你们学会了哪些本领?""自己能做的事自己做了吗?""是谁辛苦把你们养育大的? 我们要怎样对待他们?"等等,通过层叠式提问,让幼儿不断思考与探索,获得知识。

4.假设性提问策略

假设性提问是教师提出问题,让幼儿进行假设、判断和思考。这种提问往往以"假设……""如果……"等形式展开。如:"假如没有水,我们的生活会怎么样?""如果小黑羊让小黄羊先过桥,或小黄羊让小黑羊先过桥,它们会掉到河里去吗?"通过假设性提问,教师可以

了解幼儿已有的经验和发散性思维水平,让幼儿展开丰富的想象。

5.推理性提问策略

当引导幼儿完成一项简单的操作和探究任务后,教师要求幼儿用类似的方法概括出规律性的知识,从而获得答案。如,幼儿理解了圆和半圆的关系后,教师继续引导幼儿探索:"我们知道了两个半圆在一起就是一个圆,那么,两个三角形在一起,会变成什么形状?"

6.递进式提问策略

递进式提问是教师根据幼儿的思考和回答,巧妙地将一连串问题前后联系起来,层层抛出,逐步深入,从而形成一个不断推进的问题链供幼儿思考和探究。下面我们来看小班"到山羊伯伯家做客"的活动片断:

师:刚才讲的故事中,谁要到山羊伯伯家做客?

幼:小兔、小猫、小鸡。

师:他们是怎么跟山羊伯伯打招呼的?

幼:小兔对山羊伯伯笑,小猫……小鸡……

师:你们觉得谁最懂礼貌,谁做得不好?

师:如果你是山羊伯伯,你会喜欢谁?为什么?

师:小朋友到别人家当小客人时,应该怎么做?

教师把复杂问题层层分解与简化,让幼儿由浅入深地思考问题,最后得出结论。

7.总结式提问策略

总结式提问是教师引导幼儿对某些问题和现象进行了观察和了解后,为帮助幼儿进行概括、得出结论而采用的。如,科学活动"认识家禽"中,幼儿认识了鸡、鸭、鹅后,教师抛出问题:"你们知道它们有一个共同的名字叫什么吗?""它们有什么相同的地方?"

(二)回应的策略

1.重复策略

一是通过重复幼儿的话语,婉转地表达对幼儿的提醒和暗示,启发幼儿对自己的话语做出调整;二是通过重复个别幼儿的问题或回答,向全体幼儿反馈有价值信息,帮助幼儿获得他人的经验。如教师重复幼儿的回答:"乐乐说糖放在水里会化掉,是这样吗?"

2.反问策略

反问是将幼儿在一定情境中的问题抛回给幼儿,教师通过反问引发幼儿思考、讨论和交流。如教师反问:"它们都是一样的吗?""蛇冬眠了,蚂蚁也要冬眠吗?"

3.提炼策略

提炼策略即教师在充分观察、认真听取幼儿观点后,对信息进行归纳提炼后呈现给幼儿,使幼儿将零星的经验系统化、条理化。如,幼儿讨论、交流电池属性后,教师进行概括总结:"对了,电池有不同的形状、大小,只有选对电池并安装正确,电池才能起作用,电动玩具、遥控器、手机等都需要用电池才能起作用。"

(三)评价的策略

(1)肯定。教师可以用简洁的语言、肯定的语气表示对幼儿的认可,如:"嗯(点头),还有别的想法吗?""这也是一种可能""这种想法很有趣""那样原来也是一种好想法呀"等。也可以微笑或点头表示对幼儿的肯定。

(2)表扬、奖励。是教师对幼儿良好行为、进步表现以及独创精神的赞许、鼓励。运用时应注意:第一,表扬要适度;第二,要配合感情表达;第三,适当结合其他形式的奖励。

(3)批评。是教师对幼儿不良行为进行的否定评价。运用时应注意:第一,态度要诚恳、和蔼;第二,语言要亲切、幽默。让幼儿在善意而含蓄的批评中,心甘情愿地去改进不足,不断进步;第三,就事论事,不言其他。

(4)纠正。指教师在发现问题、指出问题的同时,告知幼儿正确的答案和做法,对错误认识和不当之处给予纠正与提示。运用纠正进行评价有时可适当延迟,让幼儿先做思考,说说应该怎么办,提高幼儿的判断能力和解决问题的能力。

(5)讨论。指教师不直接对某个现象、某个问题给予肯定或否定,而是引导幼儿分析、判断,使他们在讨论中明白对错、好坏,知道如何改正。

(6)总结。是对幼儿集体活动效果、活动情况的评价。一般放在活动告一段落或活动结束时进行。

此外,教师还要善于引导幼儿自评、互评,提高幼儿分析、判断问题的能力和自我检查、自我调整、自我约束的能力。

本章习题

一、名词解释

    1.幼儿园教育活动   2.科学性原则   3.直观教育法

二、简答题

    1.如何理解幼儿园教育活动?

    2.幼儿园教育活动设计的原则有哪些?

    3.幼儿园教育活动组织指导的类型有哪些?各有何特点?

三、案例评析题

    1.试用幼儿园教育活动设计原则分析1~2个活动案例。

    2.浏览1~2个幼儿园教育活动方案,分析其活动过程中的提问是否设计合理。

四、设计题

    1.试为2~3个活动设计导入语和导入方式。

    2.试为1~2个活动确定活动目标。

    3.试为2~3个活动设计活动结束方式。

第二章

幼儿园健康教育活动设计与指导

第一节 幼儿园健康教育的目标

1990 年,世界卫生组织将健康定义为:"健康是生理、心理、社会适应和道德完善的良好状态",明确赋予健康以社会学意义。

在人们传统的观念中,身体无病是健康的唯一标志。但是,世界卫生组织对健康的定义,让人们充分认识到:健康不仅是身体健康,还包含心理健康,不仅个体健康,还要适应社会、与群体和谐。

一、幼儿园健康教育概述

(一)幼儿健康的认识

《3-6 岁儿童学习与发展指南》(以下简称《指南》)在健康领域中明确指出"健康是指人在身体、心理和社会适应方面的良好状态",同时又提出"发育良好的身体、愉快的情绪、强健的体质、协调的动作、良好的生活习惯和基本生活能力是幼儿身心健康的重要标志"。《指南》对健康概念所做的这一诠释,体现出健康观念的基本内涵,即健康是人生理的、心理的和社会的因素不断互动的结果,有了这样的健康观,幼儿园才能对幼儿实施完整的健康教育。

(二)幼儿园健康教育的概念

幼儿园健康教育是根据幼儿身心发展的特点,提高幼儿健康认识、改善幼儿健康态度、培养幼儿健康行为、维护和促进幼儿健康发展的系统教育活动。健康教育的核心是树立正确的健康观念,养成良好的行为和生活方式。

(三)幼儿园健康教育的意义

《纲要》明确要求:幼儿园必须把保护幼儿的生命和促进幼儿的健康放在工作的首位。可见,对幼儿进行健康教育具有十分重要的意义。

幼儿园健康
教育的意义

1.幼儿园健康教育是保证幼儿健康成长的特殊需要

幼儿正处于身心快速发育的时期,身体器官和系统发育还不成熟,机体的能力还不完善,对自然界和社会环境的适应性较差,对疾病的抵抗能力、对心理压力的承受能力也较弱,自我保护、防护意识差,容易受到伤害。因此,他们必须接受适当的健康教育,参与力所能及的健康活动,以学到更多的健康知识,树立自己的健康态度,形成有利于自身和他人健康的行为。

2.幼儿园健康教育为幼儿一生的健康和生活奠定良好的基础

人的生命历程的每一阶段都必须吸取健康信息,高度重视健康问题,任何时候放松了对健康知识的学习和应用,健康就会远离自己。幼儿园健康教育是终身健康教育的基础阶段,幼儿时期的健康不仅关系到他们当前的健康状况和生命质量,还将会对其未来的身心健康产生重要、深远的影响。所以,对幼儿进行健康教育,培养其健康的生活信念和生活方式,对提高他们一生的生活质量和生命质量是十分必要的。

3.幼儿园健康教育是对幼儿进行全面素质教育的重要组成部分

幼儿的全面素质教育包括身心健康素质的教育、智能素质的教育、品德素质的教育和审美素质的教育等。幼儿园健康教育在促进幼儿身心健康发展的同时,还能促进幼儿其他方面的发展。如,幼儿学习体操,不仅能强身健体,还能欣赏美妙的音乐、展示优美的动作以及学习与同伴之间的相处等,这些都有利于幼儿全面素质的发展。

4.幼儿的身心健康是国家、民族发展的需要

《中共中央国务院关于深化教育改革,全面推进素质教育的决定》指出:健康的体魄是青少年为祖国和人民服务的基本前提,是中华民族旺盛生命力的体现。幼儿的健康是提高人口素质、民族素质的重要保证。只有个体身心健康,才能促进整个社会的健康发展,才能促进整个国家、民族的强大和繁荣。

二、幼儿园健康教育总目标

幼儿园健康教育总目标是指幼儿通过教育在身心发展方面要求达到的预期的健康水平。

它是幼儿园健康教育的最终目的,是确定幼儿年龄阶段目标和具体活动目标的依据。《纲要》明确提出了幼儿园健康领域的总目标。

幼儿园健康领域总目标体现了以下三个方面的价值取向:

第一,身心并重。幼儿健康应包括身体健康和心理健康两个方面,幼儿的身体健康以发育健全、具备基本的生活自理能力为主要特征;幼儿的心理健康以情绪愉快、适应集体生活为主要特征。

第二,保护与锻炼并重。目标既重视掌握必要的保健知识提高保护自身的能力,又强调通过体育活动提高身体素质。

第三,健康行为的形成和健康态度的转变并重。虽然幼儿健康行为的养成被视为幼儿健康教育的核心目标,但提高幼儿的健康意识、改善幼儿的健康态度同样重要。

三、幼儿园健康教育的年龄阶段目标

因为小、中、大各年龄班幼儿的身心发展各有其典型特征,所以幼儿健康教育目标的制定应充分考虑不同年龄阶段幼儿的年龄特征,对3～6岁的幼儿提出不同层次的要求,由简单到复杂,由易到难,呈螺旋式上升。体现出低年龄阶段目标是高年龄阶段目标的基础,高年龄阶段目标是低年龄阶段目标的延伸和发展。同时,各年龄班幼儿健康教育目标既有区别又有联系。各年龄班健康教育目标如下。

小班

1.身心保健目标

(1)了解盥洗的顺序,初步掌握洗手、刷牙的基本方法;学习穿脱衣服;会使用手帕或纸巾;养成坐、站、行、睡的正确姿势;能及时排便;有良好的作息习惯。

(2)进餐时,保持愉快的情绪,愿意独立进餐;认识最常见的食物,爱吃各种食物,主动饮水。

(3)了解自己身体各种感官及功能,知道身体不舒服时要告诉成人,初步认识并学习简单保护五官的方法;能配合成人接受疾病预防与治疗。

(4)知道过马路、乘坐交通工具、玩大型运动器械时要注意安全,了解日常生活中的安全常识;能接受成人有关的提示,学习避开活动中可能出现的危险因素。

(5)在日常生活中,愿意与人交往,知道玩具应轮流玩,初步体验与老师、小朋友相处;体验与其他小朋友一起游戏的乐趣。

(6)知道自己的性别。

2.身体锻炼目标

(1)能姿势正确、自然协调地走和跑,能向指定方向走和跑,能在指定范围内四散跑、追逐跑;能走、跑交替 100 米左右,能步行 1000 米,或连续跑约半分钟,能较轻松地双脚交替跳着走,能一个跟着一个走,走成一个圆。

(2)能较轻松自然地双脚同时向前跳、向上跳,能从 25 厘米高处自然地跳下。

(3)能单手自然地将沙包等轻物投向前方,能双手用力将球向前、上、后方抛。

(4)能在窄道或宽 25 厘米、高(或斜高)20 厘米的平衡木(或斜坡)上走。能在平行线中间走。

(5)能在 65～70 厘米高的障碍物(如,绳子、皮筋、拱形门等)下钻来钻去,能手、膝着地(垫),自然协调地向前爬,能倒退爬;能钻爬低矮障碍物;能在攀登架(网)上爬上爬下或从架(网)的一侧爬越至另一侧(必要时教师可帮助)。

(6)能听懂基本的口令和信号并做出相应的动作,能边念儿歌或边听音乐较合拍地做模仿操或徒手操。

(7)会玩滑梯、攀登架、转梯、荡船或其他大型体育活动器械;会骑小三轮车;会推、拉独轮车;会滚球、近距离传接球和原地拍皮球;会用球、绳、棒、圈等多样小型的体育器械进行身体锻炼活动。

(8)喜欢并愿意参加多种体育活动,能初步掌握有关体育活动的粗浅知识,在成人提醒下能遵守体育活动的规则和要求,团结合作,爱护公物。

(9)能合作收拾某些小型体育器械。

中班

1.身心保健目标

(1)初步学会穿脱和整理衣服、鞋袜和床铺,正确使用手绢、毛巾(餐巾)、便纸等,有做事的成功感。在成人的提醒下按时休息,有初步的生活自理能力。

(2)结合品尝经验,进一步认识各类常见食物,包括奶类、谷类、蛋类、鱼肉类、蔬菜类、水果类、豆类及其制品;爱吃各类食物的同时,懂得要科学合理地进食,逐步形成良好的饮食习惯。

(3)进一步认识身体的主要器官及其基本功能,并懂得初步的保护方法;逐步形成接受疾病预防与治疗的积极态度和行为;在成人帮助下学习处理常见外伤的最简单的方法,知道快乐有益于健康。

(4)认识有关安全标志,能够在成人提醒下遵守交通规则;学习避开危险和应付意外事故的最基本方法,知道不跟陌生人走,不接触危险物品;遇到危险时能告诉成人,有初步的自我保护意识。

(5)主动与人交往,会使用礼貌用语,能与同伴合作,会谦让,能感受同伴的喜与忧。愿意参加集体活动并能表达自己的见解,保持积极、愉快的情绪。初步学习简单评价自己与同伴的行为。

(6)愿与父母分床而眠。

2.身体锻炼目标

(1)能按节奏上下肢协调地走和跑;能听信号变速走、变速跑;能听信号变换方向跑;能快跑 20 米和在一定范围内四散追逐跑,能走、跑交替(或慢跑)200 米左右,能步行 1500 米或连续跑约 1 分钟,能变化身体姿势(如,半蹲、前脚掌着地、倒退)或跨过低障碍物走,能绕过障碍物跑,能听信号切断分队走、一路纵队跑。

(2)能原地自然蹲地起跳触物(物体离幼儿举起手臂时的手指尖 20 厘米左右);能双脚熟练地向前跳或在直线两侧行进跳;能双脚站立从 30 厘米高处自然地跳下,落地轻;能立定跳远,跳距不少于 30 厘米;能助跑跨跳平行线,跳距不少于 40 厘米;能双脚交替跳和短距离单足连续向前跳。

(3)能肩上挥臂投掷小沙包、纸镖等轻物,能自抛自接低(高)球或两人近距离互抛互接大球;能滚球击物;能左右手拍球。

(4)能在宽 20 厘米、高 30 厘米的平衡木上走,能原地自转至少 3 圈不跌倒,能闭目向前行走不少于 10 步。

(5)能熟练协调地在 60 厘米高的障碍物(如,圈、拱形门等)下较灵活地侧钻;能手、脚着地(垫)协调地向前爬;能手脚协调、熟练地在攀登架(网)或肋木上爬上爬下,或从架(网)的一侧爬越至另一侧;能在垫上团身滚。

（6）能较熟练地听各种口令和信号做出相应的动作；能听信号较快地集合、分散，排成 4 路纵队；能随音乐节奏较准确地做徒手操和轻机械操。

（7）会玩跷跷板、攀登架、秋千等大型体育活动器械；会较熟练地骑小三轮车或带辅轮的小自行车；会用球、绳、棒、圈或其他废旧材料（如，易拉罐、可乐瓶、报纸等）开展小型多样的身体锻炼活动。

（8）具有一定的对环境的适应能力（如，抵御寒、暑、饥、渴的能力）和抵抗疾病的能力。

（9）喜欢并能积极参加各种身体锻炼活动，初步养成参加体育活动的习惯；能较自觉地遵守体育活动的规则和要求，互助合作，爱护公物；有一定的集体观念。

（10）能及时收拾和整理小型体育器械。

大 班

1.身心保健目标

（1）注意保持仪表整洁，并能注意和关心周围环境的卫生；进一步提高生活自理能力；初步养成良好文明的生活卫生习惯及学习习惯。

（2）进一步养成良好的饮食习惯；初步理解不同的食物有不完全相同的营养素，身体需要各种营养素；知道有些食物儿童不宜吃；初步学会使用筷子。

（3）进一步认识身体的主要器官及重要功能，并懂得简单的保护方法；了解有关预防龋齿及换牙的知识；注意用眼卫生。

（4）认识安全标志，学习主动遵守交通规则；乘汽车、乘船、过桥时，能注意安全；不玩火，不接触煤气，不触摸电器开关，注意防止意外事故的发生；遇到危险时，能尽快告诉成人，有初步的自我保护能力。

（5）初步了解应付意外事故（如，火灾、雷击、地震、台风等）的常识，具有粗浅的求生技能。

（6）能文明、大方地与人交往，以积极恰当的方式参与或发起活动。尊重别人的意愿，比较自觉地控制自己的情绪和行为。学习解决活动中同伴间的纠纷，并学会评价自己与他人，愿意学习同伴的优点，与同伴建立起友好的关系。

（7）知道男女厕所，初步具有性别角色意识。

2.身体锻炼目标

（1）能轻松自如地绕过障碍曲线走和跑；能快跑 30 米或接力跑；能走、跑交替（或慢跑）300 米左右；能步行 2000 米或连续跑约 1 分半钟，能听信号左右分队走。

（2）能原地自然蹬地起跳、连续纵跳触物（物体离幼儿举起手臂时的手指尖 25 厘米左右）；能双脚熟练地改变方向（前、后、左、右、转身）跳；能从 35～40 厘米高处自然地跳下，落地轻稳；能立定跳远，跳距不少于 40 厘米；能助跑跨跳平行线，跳距不少于 50 厘米；能助跑屈膝跳过高度约 40 厘米的垂直障碍，能连续向前跳过多个高 40 厘米、宽 15 厘米的障碍。

（3）能半侧面单手投掷小沙包等轻物约 4 米远；会肩上挥臂投掷轻物并投准目标（如，直径不小于 60 厘米的镖靶，投掷距离约 3 米）；能抛接高球，或两人相距 2～4 米互抛互接大球。

（4）能在宽 15 厘米、高 40 厘米的平衡木上交换手臂动作（叉腰、平举、上举等）或持物走；能两臂侧平举，闭目起踵自转至少 5 圈不跌到；能两臂侧平举，单足站立不少于 5 秒钟。

（5）能熟练协调地侧身、缩身钻进 50 厘米高的障碍物（如拱形门等）；能手脚交替、协调熟练地在攀登架或肋木上爬上爬下；能在单杠或其他器械上作短暂的悬垂动作；能在攀登绳（棒）上爬高约 1.5 米，能熟练地在垫上前滚翻、侧滚翻。

（6）能熟练地听各种口令和信号，并做出相应的动作；能听信号迅速地集合、分散、整齐队列、变化队形；能随音乐节奏有精神地做徒手操和轻机械操，动作有力、到位。

（7）会玩低单杠、秋千、脚蹬车，或其他大型体育活动器械；会踩高跷、跳绳（50 次以上）、跳皮筋；会运球、传接球、用脚踢（带）球；会用球、绳、棒、圈、积木、报纸、轮胎或其他废旧材料开展各种身体锻炼活动。

（8）具有一定的御寒、防暑、耐饥渴的能力和较强的抵抗疾病的能力。

（9）热爱并能积极参加各种身体锻炼活动，初步自觉养成参加体育锻炼的习惯；能自觉遵守体育活动的规则和要求，合作、负责、宽容、谦让、爱护公物；有较强的集体观念；敢于克服困难，能体验克服困难、取得胜利后的愉悦。

（10）能独立或合作收拾各种小型体育器械。

第二节　幼儿园健康教育的内容、途径和方法

 一、幼儿园健康教育的内容

幼儿园健康教育的内容是教师向幼儿传递的健康信息，是教育目标的具体体现，对于能否实现目标至关重要。

（一）身心保健活动

1.生活卫生习惯

幼儿生活卫生习惯教育的具体内容主要有：

（1）洗手、刷牙的基本方法；

（2）穿脱、整理衣服的习惯；

（3）手帕、纸巾、浴巾、茶杯的使用；

(4)坐、站、行、睡姿势正确；

(5)按时排便,睡眠有规律；

(6)整理活动用具,保持玩具清洁；

(7)有关心和自觉维护周围环境卫生的习惯。

2.饮食营养

幼儿饮食营养教育的具体内容主要有：

(1)情绪愉快,愿意独立进餐；

(2)辨识常见食物,平衡膳食,少吃零食,主动饮水；

(3)按时进餐,细嚼慢咽,保持清洁,进餐习惯良好；

(4)有对中外饮食文化的初步感受。

3.身体认识与保护

幼儿身体认识与保护教育的具体内容主要有：

(1)认识身体的主要器官,了解其主要功能,如五官的认识与保护；

(2)预防龋齿,初步掌握换牙、护牙的知识；

(3)用眼卫生,如不在弱光或强光下看书,不长时间看电视、玩电脑,不用脏手或脏手帕擦眼睛；

(4)在疾病预防与治疗中积极配合；

(5)具有探索生命现象的兴趣。

4.安全自护

幼儿安全自护教育的具体内容主要有：

(1)了解水、火、电、煤气、刀具、常用药物的使用常识和注意事项；

(2)认识有关安全的标志,愿意遵守交通规则,初步形成自我保护意识；

(3)了解应对意外事故和伤害(如,火灾、雷击、地震、台风、异物入体、走失)的常识,知道基本的自救和求救的方法。

5.心理健康

幼儿心理健康教育的具体内容主要有：

(1)知道快乐有益于身体健康,能用正确的方式表达自己的情绪,掌握调节情绪的简单方法；

(2)积极愉快地参与集体活动,尊重他人,学会分享,与同伴友好相处；

(3)有自信心,愿意克服困难；

(4)知道自己的性别,喜欢自己,预防心理障碍和行为异常。

(二)体育锻炼活动

幼儿体育锻炼活动的具体内容主要有：

(1)身体活动技能:走、跑、跳、爬、投掷、攀登等动作协调灵活；

(2)体操和队列队形练习:随音乐节奏做徒手操、模仿操和轻器械操,懂得听口令、信号完成体育任务；

（3）在体育活动中培养坚强勇敢、不怕困难的意志品质和乐观、合作、守规则的态度。

二、幼儿园健康教育的途径

幼儿园健康
教育的途径

（一）结合日常生活活动

幼儿的健康教育本身就是一种生活教育，所以健康教育理念要随机渗透到幼儿园日常生活的点点滴滴、方方面面。如，入园晨检时，向幼儿传达简单的保健知识；饭前洗手时，指导幼儿正确的清洗方法；进餐时，教授幼儿营养均衡的知识；下楼梯时，提醒幼儿不拉手、不拥挤、注意安全。

（二）专门的健康教育活动

专门的健康教育活动是根据幼儿的认知规律，注重教育方法的针对性、趣味性和可操作性，有目的、有计划地组织师幼双边的共同活动。对于幼儿不易理解的内容、需要系统练习的行为技能，就要通过专门设计的健康教育活动来实现。健康主题可以是单一的，如"安安全全滑滑梯""不快乐的时候"等；也可以是一个主题组成的一系列活动，如为了培养幼儿有初步的生活自理能力，引导幼儿学习自己的事自己做，可开展"我会穿衣服""我会用筷子""我会大便了""我是小小值日生"等系列活动。

（三）结合其他领域的教育活动

幼儿园健康教育可以结合语言、艺术、科学、社会等领域的活动来进行。如，将枯燥的健康知识编成幼儿喜欢的儿歌，将单调的交通规则编排进角色游戏中；再如，社会、科学教育活动中的参观，艺术活动中的舞蹈等，本身就是幼儿身体锻炼的良好途径。

（四）家庭的配合和社会的支持

家庭是幼儿出生之后接触的第一场所，幼儿园健康教育的有关内容与家庭生活密切相关。如，个人卫生、饮食习惯、安全问题等，如果仅靠幼儿园的健康教育而没有家庭教育的积极配合，效果将会事倍功半。这也就要求教师在贯彻落实健康教育理念的同时，必须强调家园合作，保持高度的一致性，才能达到事半功倍的效果。如，让家长和幼儿一起参与幼儿园中开展的健康教育活动，或是定期给家长宣传健康知识等。另外，幼儿园的健康教育也不能忽视社会的影响，如商业宣传、电视媒体的影响等。

三、幼儿园健康教育的方法

由于健康教育活动的内容不同、特点不同，所以在方法上也有所区别。

（一）身心保健活动常用的方法

1.讲解演示法

讲解演示法是指教师借助身体动作、实物、模型、图片，具体而形象地向幼儿传授有关健

康的知识和技能,提高幼儿对健康的认识水平的方法。如,教师一边演示一边讲解洗手、用筷子、折叠衣服的方法步骤。演示的手段、方式应多样化,从不同角度激发幼儿的兴趣,增强幼儿对健康知识的理解。

2.动作与行为练习法

动作与行为练习法是指让幼儿对学过的生活技能、健康行为等进行反复练习,加深理解,形成稳定的技能和良好的行为习惯的方法。如,教师讲解演示后,让幼儿反复练习正确的洗手、用筷子、折叠衣服的方法与步骤等。教师要创设适宜的环境,提供丰富的材料,适时、适度、适当地指导幼儿进行反复练习,加深理解,形成稳定的动作。

3.情景表演法

情景表演法是指通过现场或视频录像向幼儿展示特定的生活情景,让幼儿观察、思考、分析情景中所涉及的身心健康问题的方法。如,通过视频录像,展示幼儿早上起床后洗手、洗脸、刷牙、吃早饭,然后整理衣物的生活场景,让幼儿观察、分析、评判其中涉及的健康问题。由于情景表演的主题来源于幼儿的现实生活,能充分激发幼儿的兴趣,所以能较好地帮助幼儿认识生活中可能遇到的问题和冲突,了解应该做出的合乎健康要求的行为。

4.讨论评议法

讨论评议法是指让幼儿参与健康教育过程,让他们提出问题,发表自己的意见和看法,共同交流,最后得出结论、达成共识的方法。如,大班活动"不快乐的时候",教师就自己或别人不快乐的时候是什么表现、怎样才能让自己或别人快乐起来等问题,引导幼儿根据自己的观察和亲身体验,大胆发表自己的意见和看法。这种方法能充分调动幼儿参与的积极性,有效帮助幼儿表达自己的真实想法,在讨论、评议中提高他们辨别是非的能力和对健康的认识水平。

5.感知体验法

感知体检法是指让幼儿通过各种感觉器官认识、辨别事物的特性,获得身心健康的直接体验的方法。如,在让幼儿认识各种蔬菜及其营养价值时,让幼儿亲眼看一看,亲手摸一摸,亲自闻一闻、尝一尝,幼儿往往会十分乐意,并能对所认识的蔬菜留下深刻印象。感知体验有助于幼儿理解知识、技能,刺激其求知欲,培养他们关注健康、关注周围生活环境的意识和态度。

(二)体育锻炼活动常用的方法

1.讲解法和示范法

讲解法是指教师用语言向幼儿传授体育知识、技能、组织教学的方法。示范法是指教师以正确的个体(教师或幼儿)动作为范例,使幼儿看到动作的形象、要领及完成的先后顺序等。在体育活动中,讲解和示范往往是互相结合运用的,边讲解、边示范、边组织幼儿练习,是适合幼儿特点和体育特点的有效方法之一。

2.练习法

练习法是指通过讲解示范后,在幼儿初步建立与活动有关的表象或概念的基础上,让幼儿进行练习,实现体育锻炼活动目标的方法,是体育活动中最基本、最重要的方法。

3.语言提示法和具体帮助法

语言提示法是指在幼儿进行练习时,教师用简短而明确的语言,提示和指导幼儿正确完成动作或活动的方法。如,幼儿排队走步时,教师提醒:"挺胸、抬头、迈大步。"具体帮助法是指教师直接而具体地帮助幼儿改正错误、掌握正确动作的方法。两者往往结合使用,多用于重复练习时由教师帮助幼儿防止和纠正错误,也是实施个别指导的有效方法。

4.游戏法

游戏法是指以游戏的形式组织幼儿进行锻炼的方法。这种方法能将幼儿难以理解或枯燥的动作和练习变成有趣的模仿活动或具体的游戏情节,激发幼儿练习的兴趣,提高活动效果。

此外,幼儿体育锻炼活动的方法还有比赛法、领做法、信号法等。

总之,幼儿园健康教育的方法是多种多样的。在开展具体活动时,应根据幼儿特点、活动内容、组织形式、活动方式、场地器材等条件的具体情况,综合运用多种方法,以提高健康教育活动的效果。

第三节 幼儿园健康教育活动指导要点与设计

一、幼儿园健康教育指导要点

《纲要》明确指出了幼儿园健康教育活动的指导要点是:

(1)幼儿园必须把保护幼儿的生命和促进幼儿的健康放在工作的首位。树立正确的健康观念,在重视幼儿身体健康的同时,要高度重视幼儿的心理健康。

(2)既要高度重视和满足幼儿受保护、受照顾的需要,又要尊重和满足他们不断增长的独立要求,避免过度保护和包办代替,鼓励并指导幼儿自理、自立的尝试。

(3)健康领域的活动要充分尊重幼儿生长发育的规律,严禁以任何名义进行有损幼儿健康的比赛、表演或训练等。

(4)培养幼儿对体育活动的兴趣是幼儿园体育的重要目标,要根据幼儿的特点组织生动有趣、形式多样的体育活动,吸引幼儿主动参与。

二、幼儿园健康教育活动目标的表述

幼儿园健康教育活动目标为幼儿健康活动的设计与安排、组织与开展提供了基本依据，也为幼儿健康教育活动效果评价提供了基本标准。

幼儿园健康教育活动目标表述要求如下。

（一）目标表述涵盖面要广

在确定活动目标时，有些教师要么偏重某一方面的目标要求，忽视其他方面的发展；要么仅有认知方面的要求，忽视能力或态度方面的要求；要么仅有能力目标，忽视认知与态度方面的目标。如，大班健康活动"穿合适的鞋"，仅有目标"认识几种常见的鞋，知道不同的鞋有不同的作用"，显得单薄，可以增加目标"会自己穿鞋""欣赏各种各样的鞋"。目标表述不在于面面俱到，而在于教师对活动的教育价值的深入挖掘，以及活动本身的趣味性得以扩展。

（二）目标表述要突出重点

就某一活动而言，目标的明确意味着教学重点的明确。但在实际活动中，有时目标重点不清楚、不确切，从而造成活动重点不突出。如，大班健康活动"手绢真干净"的目标之一是"让幼儿知道自己长大了，学会做力所能及的事，会管理自己的物品"，此目标就没有体现出该活动应有的重点，也反映出教师教学思路不够清晰。可修改为"知道每天更换手帕，保持手帕干净""会自己洗手帕，愿意做力所能及的事"等。

（三）目标表述要具体可操作

教育目标是分层次的，作为具体的教育活动目标，其特点就是具体、明确，具有可操作性，能指导、调控教师的教学过程，否则就失去了制定活动目标的意义。如，大班消防安全活动"发生火灾的时候"的目标之一是"能够掌握基本的消防安全知识"，这是一个不够明确的教学目标，教学活动很难去把握。可修改为"会拨打火警电话119""报警时能清楚说出自家的方位和地址""掌握火场逃生的方法"等。

（四）目标表述难度要适宜

对于幼儿年龄阶段目标中已经达成的目标，一般不应再作为目标提出，否则活动没有难度，幼儿的注意力不集中，学习兴趣、参与程度都不高。如，大班活动"牙齿为什么会有龋洞？"的目标之一是"学习刷牙的正确方法，坚持每天刷牙"，这就不合适，对于小班时已掌握的方法，大班加以巩固即可。

由于受幼儿当前认知能力、生活经验等的限制，有些目标是幼儿当前无法完成的。如，大班活动"食物的旅行"目标之一是"知道食物所经过消化器官的名称和顺序"，这一目标难度过大，既无实现的可能，也无实现的必要，可修改为"初步了解主要消化器官的名称和功能"。幼儿的接受程度以及教育的必要性是确定教育目标的两个不可或缺的要素。

三、幼儿园健康教育活动内容的选择

幼儿园健康教育
活动内容的选择

在选择健康教育内容时,由于各年龄段幼儿身心发展的特点不同、发展目标不同,所以具体的教育内容和侧重点都会有较大的差异,应遵循以下几个原则。

(一)均衡性原则

幼儿园健康教育的内容是多方面的,既包括日常生活卫生习惯的培养,还包括身体自护与安全教育、心理健康教育、体育锻炼等。因而我们应兼顾幼儿身心保健、体育锻炼等多方面的发展需要,全面而均衡地选择健康教育的内容,不能重视一方面而忽略另一方面。

(二)时令性原则

在选择具体的健康教育内容时,应切实考虑气候特点和季节变化。主要注意两个方面:一是内容与气候、季节的一致性。如,涉及有关游泳的内容时,宜安排在夏季;而涉及滑冰、打雪仗的内容时,宜安排在冬季。针对夏季气温高、雨水大,幼儿容易私自下水的情况,可以开展预防溺水、爱惜生命的安全自护教育。二是处理好体育锻炼的活动量与气候、季节的关系。冬季可选择活动量大的内容,如钻爬、追逐跑等;夏季可选择活动量小的内容,如平衡、投掷等。

(三)递进性原则

在选择健康教育内容时,应按照由易到难、由简到繁的顺序,呈递进式推进。这种递进式推进分两种情况:一种情况是在不同的年龄班,如幼儿平衡木练习,小班要求能在宽25厘米、高20厘米的平衡木上行走,中班要求能在宽20厘米、高30厘米的平衡木上行走,大班要求能在宽15厘米、高40厘米的平衡木上手持物品行走;另一种情况是在同一年龄班,将动作难度大、要求高的内容安排在后面,如中班的饮食营养教育,教师应先让幼儿对各类常见食物有一个初步认识,然后再组织幼儿合理搭配食物。

(四)整合性原则

由于幼儿的生活经历、经验认识是连续的、整体的,教师在选择健康教育内容时,应注意整合幼儿身心保健与身体锻炼的内容,整合幼儿健康教育与科学教育的内容,整合其他各领域教育的内容,不能随意割裂有益于幼儿全面发展的整体经验。如,大班体育活动"我是小小消防员",幼儿通过跑、爬、跳、翻滚的练习,身体得到了锻炼,发展了动作的协调、灵敏和速度,获得了有关火灾的逃生知识,同时通过游戏培养了幼儿坚强、勇敢、不怕困难的品质。

四、幼儿园健康教育活动过程的设计

由于健康教育内容类型不同,各活动过程也存在一定的特殊性,设计时应体现各类健康教育活动的特点。

(一)身心保健活动过程设计

1.活动导入,激发兴趣

活动开始时,教师首先要设法激发幼儿参与活动的兴趣。设计和组织这一环节常用的方式有:

(1)直观导入,即教师利用实验材料、直观材料、教育环境等因素,向幼儿提供与本活动有关的可视形象,激发幼儿的兴趣和经验。可视形象可以是图片、实物、模型。也可以是幻灯片、视频、录像等,还可以是展览会、情景剧表演等。

(2)作品导入,即教师运用谜语、诗歌、故事、歌曲、图画等,引导幼儿进入活动。

(3)设疑导入,即教师通过设置悬念、提问等手段引入活动。

2.感知体检,理解主题

导入活动后,要马上切入主题,向幼儿呈现具体事件,让他们充分感知、体验、理解具体事件。

(1)情景感知。

根据幼儿身心保健教育活动的具体内容,可以选择以下几种感知形式:

①现实性情景感知,即教师充分利用自然的环境,引导幼儿对实际生活中的事物以及人们的行为态度进行实景、实情、实物观察。

②问题性情景感知,即教师根据活动的需要和幼儿的兴趣,有意识、有计划地通过一个问题、一段轶事、一幅图片、一张照片或一本图书等构成"问题情景"。

③表演性情景感知,即教师通过情境表演、故事表演、木偶表演等表演形式,引导幼儿感知、观察情景。

(2)体验理解。

在体验理解环节中,教师要引导幼儿进一步探索、体验、理解具体事件。可采用以下几种体验理解方式:

①认知参与式理解,情感体验要转化为情感认识,必须通过认识的参与、调节和评价。例如,认识了牙齿的重要性才会产生爱护牙齿的自觉情感。

②层层递进式理解,即教师依据幼儿认知的特点和教育内容的逻辑关系,由浅入深、由表及里地引导幼儿活动的方式。

③操作活动式理解,即教师通过巧妙布置练习任务,让幼儿亲自玩一玩、动一动、做一做,达到体验理解的目的。

(3)方法学习。

方法学习是指帮助幼儿建立和形成有益于身心健康的行为和习惯。一般通过三种方式完成:

①讨论概括,即组织幼儿讨论、交流某一情境中的行为要求,通过概括,让幼儿知道怎样去做。

②观察评价,即请部分幼儿根据教师创设的情景尝试正确的做法,其他幼儿观察后进行评价,从而学习正确的行为方法。

③教师总结,归纳概括。

3.活动结束,强化巩固

(1)归纳总结式,即教师用简洁的语言对活动内容和主题进行概括,或对幼儿的活动情况、行为表现做出总结性评说。

(2)操作式练习,即教师以精心设计的操作、游戏等方式,引导幼儿巩固所学知识和技能。

活动案例 2-1

中班心理健康教育活动:我的表情

活动目标

(1)知道每个人都有几种常见的情绪和表情,了解不同的情绪对身体的影响不同。

(2)初步懂得愉快的情绪有利健康。

(3)初步学习疏导不愉快的情绪。

活动准备

(1)"笑""哭""生气""害怕"四种表情脸谱。

(2)小镜子若干(与幼儿人数相等)。

(3)多媒体教学设备。

活动过程

1.认识常见的情绪和表情,知道情绪不同,表情就不同。

(1)出示四种表情脸谱,请幼儿模仿出这四种表情,并说出是什么表情?

(2)讨论:当遇到什么事、人的心情怎样时,会出现这些表情?

① 遇到开心高兴的事,人的心情变得愉快、舒畅时就会笑;

② 遇到痛苦伤心的事,人的心情变得难过、悲伤时就会哭;

③ 遇到不开心的事,人就会生气、会哭;

④ 遇到令人恐惧的事就会害怕,也会哭。

2.照镜子,引导幼儿做一做刚才说的几种表情。

(1)提问:你喜欢哪种表情? 为什么?

(2)小结:笑的时候人很漂亮,心情也好,食欲好,睡得也香;哭的时候人很难看,心情也不好,吃不下饭,也睡不着觉,人无精打采,时间一长就会影响身体健康。所以我们要经常笑,保持愉快的情绪,让别人快乐,自己也快乐。

3.利用多媒体教学设备让幼儿欣赏自己和小伙伴在幼儿园各种集体活动中的掠影。引导幼儿注意和发现:原来每个人的表情都是那么丰富多彩! 每个人都会有开心和不开心的时候。

4.讨论:在生活中,我们每个人都会遇到一些不开心的事情,当遇到不开心的事情时,我们该怎么办呢?

5.小结

(1)告诉爸爸妈妈、老师和小朋友们,让大家帮助自己由不开心变得开心。

(2)做一些让自己高兴、快乐起来的事情,如玩好玩的玩具,吃好吃的东西,听好听的音乐,看精美的图书等。

(3)把不开心的事情画在纸上,折成飞机,让不开心飞出去。

6.区域活动:让幼儿自由选择区域,放飞快乐!

🖐 活动延伸

1.语言游戏:"笑笑笑"。

2.美术活动:"画脸谱"。

3.在日常生活中,让幼儿多接触美的事物,以陶冶他们的心灵,在他们心灵深处埋下快乐的种子。

4.引导幼儿学会用语言表达自己的心情,用自己的快乐心情去感染大家。将自己不高兴的心情告诉大家,让大家帮助自己。

🖐 活动评析

对幼儿来说,心理健康有一个很重要的指标就是情绪愉快。幼儿年龄虽小,但每天都会有最基本甚至丰富的情绪体验。该活动以幼儿最常见到的"笑""哭""生气""害怕"四种表情脸谱导入,引导幼儿模仿出这四种表情,激发幼儿的兴趣。然后运用照镜子、多媒体教学设备让幼儿欣赏自己的表情,欣赏自己和小伙伴在幼儿园各种集体活动中的掠影。在活动过程的每一个环节中,都引导幼儿进行讨论,给幼儿营造一个宽松愉快的学习环境。幼儿能在这样的环境中积极主动地进行探索,大胆地发表自己的看法。通过探索发现:原来每个人的表情都是那么丰富多彩,每个人都会有开心和不开心的时候! 初步懂得愉快的情绪有利健康,引导幼儿学会用语言表达自己的心情,用自己的快乐心情去感染大家。

🔲 活动案例 2-2

小班身体保健教育活动:我有一双干净的手

🖐 活动目标

(1)学习正确的洗手方法。

(2)初步养成勤洗手的良好习惯,能在成人的提醒下愉快地去洗手。

🖐 活动准备

(1)肥皂、毛巾若干。

(2)课前,带幼儿去户外活动(如,玩球、玩沙等)。

🖐 活动过程

(1)教师带幼儿去户外活动后,快乐地回到教室,引导幼儿观察自己的小手,看看手上有什么?(脏东西)

(2)引出课题:手脏了怎么办? 怎样才能把手洗干净?

(3)带幼儿到盥洗室,教师示范并讲解正确的洗手方法。

①卷袖子:将袖子一层一层向上卷或把袖口向上推拉。

②冲手:手腕以下部位都冲湿,双手尖朝下(必须强调"双手尖朝下"的姿势,以免水流进衣袖内)。

③抹肥皂、搓手。教师可以边示范边念洗手的儿歌:手心手心搓一搓,手背手背搓一搓。十指交叉搓一搓,一二三,洗好了。

④冲净手上的肥皂,用毛巾擦手:双手尖朝下,先用清水冲干净手上的肥皂沫;然后,用毛巾先将一只手的手心手背擦干,再将另一只手的手心手背擦干;最后,放下卷起的衣袖。

(4)幼儿排队按次序洗手,比比谁的小手洗得最干净。

(5)回教室玩游戏:教师说出某一洗手的动作名称,如"卷袖""擦手"等,幼儿即做相应的动作,以巩固幼儿对洗手方法和动作的记忆。

(6)启发幼儿想一想:什么时候要洗手呢?

(7)小结:让幼儿懂得食前、便后、手脏时,要及时洗手,养成勤洗手的好习惯。

🐦 活动延伸

(1)在教育活动中,教幼儿念洗手、搓手和卷袖子的儿歌,加深幼儿对洗手方法的印象,并让幼儿了解洗手的重要性。

(2)在日常生活中,提醒幼儿勤洗手和用正确的方法洗手。

(3)带回家的活动:①要求幼儿回家后把《洗手歌》《卷袖子》的儿歌背给家人听;②请家长督促幼儿勤洗手。

附:活动素材

(1)《洗手歌》——排好队,向前走。做什么? 去洗手;小肥皂,给我搓搓手;自来水,给我冲冲手;小毛巾,给我擦擦手;小手洗得真干净,我们大家拍拍手。

(2)《卷袖子》——白衣袖,花衣袖,洗手前,快卷袖。一二三,四五六,不让水滴沾袖口。

🐦 活动评析

在平时的生活中,小朋友对水非常的感兴趣。他们爱玩水但不一定爱洗手或不会认真地洗手。小班幼儿刚入园时,教师让幼儿去洗手,有些孩子常会有各种理由不去洗,"我洗过手了,我在家里洗的。""玩具多漂亮干净呀,不脏。"或去盥洗室把小手淋湿一下即应付过去了。

该活动从教案设计的角度来看,步骤是完整的。活动目标明确具体,活动准备与活动内容相吻合,活动过程环节紧凑,层次清晰,活动延伸与活动内容紧密相连,整个活动的重点放在"学习正确的洗手方法,知道、懂得一些简单的健康常识"。如果在活动中能让幼儿懂得洗手的重要性,这样更能把老师的要求转化为幼儿自己的愿望,从而有效地转变自己的行为,初步形成爱洗手的良好行为习惯。

(二)体育锻炼活动过程设计

1.体育教学活动过程设计

(1)热身准备活动。

①目的:迅速把幼儿组织起来,集中幼儿的注意力,调动幼儿参与学习和活动的积极性。同时,提高身体各器官、组织的活动能力,为下面的活动做好适应性准备。

②内容:排队集合,向幼儿说明教学活动的主要内容和要求,根据基本活动的需要,做一些有针对性的准备活动。如,基本体操或模仿操、简单的舞蹈或律动;也可以开展一些运动负荷不大、有利于调动运动积极性的游戏;还可以根据教学活动基本内容的需要,设置热身活动的动作(如,投掷要多设计上肢活动的动作;跳跃、跑则应该多设计下肢活动的动作,以便更好地为下面的活动做好准备)。

③时间:准备活动的时间不宜过长,占活动总时间的10%～20%。

(2)基本练习活动。

①目的:学习新的或有一定难度的基本动作和活动内容,巩固和提高已学过的各类动作和游戏等,帮助幼儿通过练习增强身体素质,提高机体的运动能力和对运动的兴趣,培养幼儿良好的意志品质等。

②内容:通过教师对动作的讲解、示范或者幼儿自身的探索,了解基本动作要领或游戏内容;通过徒手或器械练习,初步掌握基本动作;通过有趣的游戏进一步练习、巩固基本动作,发展体能。这部分一般安排1～2个内容,把新内容或较复杂的内容放在开始,把容易引起幼儿高度兴奋的内容放在后面。对于提高身体素质的内容,一般把发展速度、平衡的内容放在前面,而把发展力量、耐力的内容安排在后面。内容的安排上还应注意新旧搭配、急缓结合,以及对身体不同部位的练习交替进行。

③时间:基本练习是体育教学活动的主要内容,大部分时间都分配在此阶段,一般占总时间的70%～80%。

(3)放松结束活动。

①目的:有组织地引导幼儿进行放松整理,结束活动,使幼儿的身体和情绪逐渐平静下来。

②内容:一般选择一些逐步降低运动负荷的练习(如,轻松自然的走步、徒手放松练习、简单的舞蹈、较安静的游戏及同伴间的按摩活动等),对本活动进行合理的小结和评价,组织幼儿收拾、整理活动器材等。

③时间:放松结束活动也比较简短,约占总时间的10%。

2.早操活动过程设计

早操活动是幼儿一日活动的开始,早操活动没有固定的活动结构或安排,在具体设计与指导中,应注意以下几个方面:

(1)早操活动的时间一般在15分钟左右,活动量的安排不宜过大,一般由小到中等,再由中等到小。

（2）根据季节和气候，灵活调节早操活动的时间和内容。在冬季气温较低时，早操活动可安排在上午活动量较小的教育活动之后进行。

（3）早操活动的队列、队形练习要简单，主要是为幼儿做体操动作服务，不要一味地强调队形的变换练习。

（4）早操活动的内容一般都是幼儿基本学会和已经掌握的，通常不进行新内容的学习。基本体操的内容一般应每学期更换1～2次，以提高幼儿做操的积极性和做操的能力。

（5）做操时，应注意幼儿动作姿势正确、到位，引导幼儿做操时动作和呼吸的配合。

（6）一般整个早操活动都会伴随音乐，要精选符合早操活动要求的音乐，特别要注意音响的清晰度和音量的适中性。

（7）在安排不同年龄班的早操时，应该在动作类型、节数、拍数、时间、运动量、节奏等方面有所不同。

3.户外体育活动过程设计

幼儿户外体育活动与早操活动有一定的相似之处，但户外体育活动的内容和形式更具灵活性。

（1）户外体育活动过程设计。

①保证幼儿足够的户外活动时间，每天不得少于1小时。最好上午、下午各组织一次。

②幼儿户外体育活动往往选择区域式场地，即将户外场地划分为几个区域，如投掷区、跳跃区、球类活动区、钻爬区、各类大中型运动器械活动区等，并在这些区域投放相应器械、材料，幼儿可在各个区域间流动。

③活动前，应向幼儿提出活动的具体要求和注意事项。活动中，注意观察了解每个幼儿的具体情况，有针对性地、灵活地加以指导，注意因人施教，做好个别教育工作。

④启发幼儿在活动中积极思考。尤其在小型多样的体育游戏活动中，要引导和鼓励幼儿创造多种玩法，发展幼儿活动的创造性，提高幼儿的智力。

⑤要求幼儿遵守活动规则，爱护活动器械，团结合作，处理好同伴间的相互关系，以促进幼儿社会性和良好品德与个性的形成。

⑥活动结束时，要求幼儿整理和收拾好活动的器材。

（2）户外体育活动安全保障。

①在活动准备时，创设安全活动环境，提供必要的保护措施，排除安全隐患。

②在活动开展前，教师向幼儿说明需注意的事项，让幼儿知道遵守常规的重要性，强化安全常规意识。

③结合实际活动内容，教给幼儿简单的自救和求救的方法，注重在活动中培养幼儿的自我保护能力。

健康教育活动过程的设计并不是一成不变的，各部分的内容选择、时间安排等，应根据实际情况有所不同。

活动案例 2-3

大班体育教学活动：学跳橡皮筋

活动目标

(1)学习跳橡皮筋的基本方法,练习有节奏地跳跃。

(2)锻炼腿部力量,提高动作的协调性与灵敏性。

(3)激发对民间体育游戏的兴趣,体验跳跃和合作游戏的快乐。

活动准备

(1)熟悉一些简单的民间童谣或儿歌。

(2)长、短牛皮筋若干(环状、条状各占一半)。

(3)录放机,一些简单的儿歌或民间童谣《马莲开花》《拉大锯》歌曲的 DVD 等。

活动过程

1.开始部分

在欢快的音乐声中带领幼儿一路小跑来到户外活动场地,先做热身运动。

(1)听信号做相反动作。(如快走→慢走;站立→蹲下,向左转→向右转,高人走→矮人走,手放下→手举起,向前走→向后走,挺身走→弯腰走,向左跳→向右跳)

(2)随音乐做徒手操。(教师自选或自编)

2.基本部分

(1)出示橡皮筋并提问:知道这是什么吗? 你们想学跳橡皮筋吗?(引起幼儿的兴趣)

(2)教师随着节奏明快的儿歌或民间童谣、歌曲,示范表演跳橡皮筋(环状、条状橡皮筋各示范表演一段),进一步提高幼儿的活动兴趣。

(3)幼儿学跳橡皮筋。

① 教给幼儿几种跳橡皮筋的基本步伐。

A.身体右侧靠皮筋站立,单脚跨、点、踩,双脚交换在橡皮筋的两侧或者一脚跨住橡皮筋一脚进行这些动作。

B.身体右侧靠皮筋站立,轻轻跳起,用右脚踝绊住皮筋,脚尖点地两下,同时右脚自然跳动两下,接着右脚跨过皮筋收回。

C.身体右侧靠皮筋站立,轻轻跳起,用右脚踝绊住皮筋,脚尖点地,然后身体稍向左转,左小腿向后抬起,跨过皮筋,同时左右脚交替跳动三下,接着右脚和左脚先后跨出。

② 幼儿练习。

A.可以跟随教师先进行单脚练习(可练习5～8次),幼儿练习时可先由两名幼儿抓住长条橡皮筋的两头,高度可以先放在脚踝部……逐渐上升,可以比赛谁跳得高,跳的动作多。

B.将幼儿分成若干小组(每组3～5人),由一定基础的幼儿或学得快、跳得好的幼儿带领其他幼儿一起跳。

教师巡回指导,重点关注能力较弱、胆小内向的幼儿。

(4)让跳得好的幼儿进行表演。

(5)让幼儿进行自由组合,练习教师刚教的几种跳橡皮筋的基本步伐。

(6)鼓励幼儿探索橡皮筋的多种跳法。(单脚跳、双脚跳、双脚交替跳、叉花跳等)

3.结束部分

教师带领幼儿随音乐自由放松全身,在草地上,或坐或躺,或四周漫步,活动自然结束。

活动延伸

(1)教师经常利用户外活动时间组织幼儿开展跳橡皮筋的游戏。

(2)家长创造机会带领孩子一起跳橡皮筋,共同感受跳跃的快乐。

活动评析

跳皮筋是我国传统的民间体育游戏,也是幼儿很喜欢的一种全面锻炼身体的运动。此活动把跳皮筋游戏与有趣的儿歌或民间童谣巧妙地结合在一起,既符合幼儿活泼好动的特点,又能激发幼儿参加活动的兴趣。活动过程的设计层次清楚,体现了由易到难、由简单到复杂,循序渐进的教学原则,教学方法上采用了:引导→示范→模仿→体验→练习→分享→合作→探索,层层递进,让幼儿在轻松、愉悦的氛围中掌握了跳皮筋的方法,既锻炼了幼儿的腿部力量,提高了幼儿身体动作的协调性与灵敏性,又使他们从中体验到了合作游戏的快乐。

本章习题

一、名词解释

1.健康　　2.健康教育　　3.幼儿园健康教育　　4.讲解法

5.示范法　　6.练习法　　7.游戏法　　8.体育课

二、简答题

1.《纲要》明确提出幼儿园健康领域的总目标是什么?

2.选择幼儿园健康教育内容应注意哪些问题?

3.学前儿童心理健康教育的内容包括哪些?

4.在运用示范法时,应注意哪些问题?

5.在运用讲解法时,应注意哪些问题?

6.开展幼儿园身体锻炼活动应注意哪些问题?

7.幼儿园身体锻炼活动的组织形式有哪些?

三、案例评析题

浏览下面幼儿园健康教育活动教案,分析其活动方案是否设计合理,并说明理由。

大班身体保健教育活动:跳动不停的心脏

【活动目标】

(1)初步了解心脏的位置及其功能,知道心脏是人体的重要器官。

(2)学习保护心脏健康的简单常识。

【活动准备】

(1)特邀嘉宾一位(保健医生)。

(2)教学挂图"跳动不停的心脏"一张;听诊器若干个(条件许可的情况下);秒表一支。

【活动过程】

1.请出并介绍特邀嘉宾,激发幼儿的好奇心。

2.特邀嘉宾出示挂图,引导幼儿观察认识心脏。

(1)看一看,说一说——看心脏的位置、形状和大小。

① 心脏在身体的位置:心脏在胸腔左侧。

② 心脏的形状和大小:形状似桃子,大小与自己的拳头相当。

(2)听一听、说一说——听心脏跳动时发出的声音(听心跳)。

① 让幼儿的耳朵贴在相邻小朋友的胸口上,问幼儿相互间听到了什么声音。(听到了"咚咚"的声音)

② 医生先示范戴上听诊器听小朋友心脏跳动的声音,并进行讲解;然后引导帮助幼儿尝试戴上听诊器听自己和其他小朋友心脏跳动的声音,鼓励他们说出其感受。

(3)摸一摸、说一说——摸心脏、动脉的搏动(摸心跳、摸脉搏)。

① 医生示范摸自己的左胸口(摸心跳),引导幼儿模仿,并说出其感受。

② 医生示范摸自己的手腕(摸脉搏),引导幼儿模仿,并说出其感受。引导幼儿学会借助秒表测试自己的脉搏次数。让幼儿明白,心跳的频率与脉搏搏动频率是一致的。

(4)引导幼儿了解心脏的功能及对人体的重要性。

小结:心脏是身体的重要器官,它像人身体的发动机,日夜不停地跳动,将新鲜血液送到全身各个地方,使身体得到营养物质和氧气,使我们的身体保持健康。心脏是我们人体的重要器官,心脏停止了跳动,人就会死亡,所以,要很好地保护心脏。

(5)引导幼儿感知心脏运动后的变化。

教师带领幼儿户外快跑2~5分钟回到教室,让小朋友相互听听心脏的跳动,摸摸脉搏的搏动与安静时有什么不同。(心跳变快,脉搏变快,而且比刚才更有力)

(6)引导幼儿学习保护心脏健康的简单常识。

① 睡觉时,不要趴着睡,以免压迫心脏,保持正确的睡姿。

② 多呼吸新鲜空气,参加体育锻炼,增强心脏的功能。

③ 不做长时间的剧烈运动,避免心脏过度劳累。

④ 注意安全,不攀爬很高的物体,防止从高空跌落下来影响心脏的健康。

⑤ 不要看恐惧的动画片,避免刺激心脏。

【活动延伸】

剪辑和观看通俗易懂的有关心脏的资料和电视广告,让幼儿进一步了解心脏功能,增加对心脏的认识。

四、设计题

试以"快乐玩球"为主题,为大、中、小班各设计一个健康教育活动教案。

第三章

幼儿园语言教育活动
设计与指导

第一节　幼儿园语言教育活动概述

一、幼儿语言教育对幼儿发展的作用

幼儿园语言教育是专门研究 3～6 岁幼儿语言发展及其教育的一门应用性学科。语言是人类最重要的交际工具,幼儿期是语言发展的一个非常重要和关键的时期。如能在这一阶段提供良好的语言教育条件,不仅能促进幼儿语言的发展,而且能提高幼儿口语表达能力;反之,错过了语言发展的最佳阶段,或忽视了对幼儿的语言教育工作,就会延缓、阻碍幼儿的语言发展。因此,幼儿语言教育作为幼儿园教育中的一个重要组成部分,对幼儿的全面发展,发挥着独特的作用。

(一)促进幼儿语言的发展

语言教育的基本任务在于促进幼儿语言能力的发展。因此,幼儿园语言教育的首要作用也就是使幼儿发音清晰,词汇丰富,学会用恰当的词句表达自己的思想、描述周围的事物。

在语言教育中,教师有目的、有计划、有组织地对幼儿进行系统的语言训练,为幼儿提供运用语言进行交际的机会,在集体环境中激发幼儿语言表达的热情,从听、说、读、写四个方面培养幼儿综合运用语言的能力,使幼儿顺利完成由口头语言向书面语言的过渡。随着语言的不断丰富,言语交往技能不断提高,幼儿学习和运用语言的兴趣也越来越大,一旦产生兴趣,幼儿就可能主动要求学习更多的语言符号,尝试更新的言语技巧。

(二)促进幼儿的认知发展

幼儿在学习语言的过程中,要接触到大量的语言材料,这些语言材料里包含着丰富的知识,于是幼儿学习语言的过程同时也成为他们接触和理解这些知识的过程。

此外,通过各种专门组织的语言教育活动,教师运用语言向幼儿描述周围的事物与现象,这样语言成为幼儿接受教育的工具,使幼儿可以通过间接经验来认识世界,认识空间得以扩大。

同时,语言是思维的外壳。幼儿学会了语言,可以借助语言进行复杂的思维活动。如,辨别事物的不同点,概括同类事物的相同特征等。

(三)促进幼儿的社会性发展

幼儿学习语言的过程也是学习和掌握交际工具的过程,语言教育有助于幼儿社会适应的发展。通过语言教育,幼儿学会运用语言进行交际,掌握言语交往技能。

同时,在幼儿运用语言与周围人进行交流的过程中,逐渐形成语言自我调节能力,学会良好的社会行为规范。

二、幼儿学习语言的特点

幼儿学习语言的特点

(一)在主动模仿中学习语言

幼儿对环境中的语言刺激十分敏感,并有强烈的学习说话的积极性,且以模仿的形式出现。这种语言模仿,最初是在日常生活中自然进行的,只要幼儿感兴趣,就会乐于模仿。其模仿的对象多种多样:如成人的语言,同伴的语言,电影、电视、广播中人物的语言,广告语等。幼儿语言模仿方式也不相同,如:即时的、完全的模仿,即时的、不完全的模仿,延迟模仿,创造性模仿等。

(二)在具体运用中学习语言

1.在主动求知中学习语言

幼儿有着强烈的求知欲,他们好奇好问。成人或者直接用语言予以回答,或者引导幼儿积极地观察,组织幼儿开展讨论、交流,寻求结论。这样,使幼儿不但获得了知识,同时也掌握了相应的词语、句子,学习了语言。

2.在主动交往中学习语言

幼儿运用语言与成人或同伴交流时,会得到成人或同伴及时、不断的补充和修正,从而使自己的语言更趋完善。同时,幼儿也能向成人或同伴学习语言,积累丰富的词汇和听说经验,使其语言得以较快地发展。

(三)在游戏活动中学习语言

游戏是幼儿的主导活动,也是其愉快而自主的实践活动。语言始终伴随着幼儿的游戏进程,在游戏前,角色分配,内容确定,规则遵守,都需要幼儿陈述自己的观点,听取别人的意见,统一玩法。在这一过程中语言得到了实际练习。另外,在游戏中,幼儿要用语言进行表达与交流,这也极大地锻炼了幼儿的语言表达能力。

(四)在逐步积累中发展语言

幼儿学习和掌握语音、词汇、句子,是一个循序渐进、逐步积累的过程,会经历从无到有、从不理解到理解再到运用,积少成多,不断提高。

三、幼儿园语言教育的总目标

幼儿园语言教育的总目标是幼儿园语言教育的总的任务要求,是幼儿园语言教育所期望的最终结果,是制定年龄阶段目标和具体活动目标的出发点和依据。

四、幼儿园语言教育的年龄阶段目标

幼儿园语言教育的年龄阶段目标是幼儿某一年龄阶段的教育目标。总目标中的内容，在不同的年龄的幼儿身上应当有不同的体现。下述的年龄阶段目标根据语言教育活动的不同类型，将幼儿语言教育的目标分解到每一个年龄阶段。

小 班

1. 谈话活动

① 学会安静地听同伴说话，不随便插嘴。

② 喜欢与同伴交谈，愿意在集体面前讲话。

③ 能听懂并愿意说普通话。

④ 在教师的引导下，学习围绕主题谈话，能用短句表达自己的意思。

⑤ 初步学习常见的交往语言和礼貌用语。

2. 讲述活动

① 能有兴趣地运用各种感官，按照要求去感知讲述内容。

② 理解内容简单、特征鲜明的实物、图片和情景。

③ 愿意在集体面前讲述。

④ 能正确地说出讲述内容的主要特征或主要事件。

⑤ 能安静地听老师或同伴讲述，并用眼睛注视讲述者。

3. 听说游戏

① 乐于参加游戏活动，在游戏中大胆地说话。

② 发准某些难发的音，初步掌握方位词及人称代词，学习正确运用动词。

③ 在游戏中，尝试按照规则运用简单句说话。

④ 养成在集体活动中倾听别人讲话的习惯，能听懂并理解较简单的语言游戏规则。

4. 文学作品学习活动

① 喜欢欣赏文学作品，愿意参加文学活动，对文学作品的语言感兴趣。

② 能初步感受文学作品的语言美，知道故事、诗歌和散文是不同体裁的文学作品。

③ 学习理解文学作品的情节内容或画面情节，能用语言、动作、表情等方式表达自己对文学作品的理解。

④ 在文学作品原有基础上扩充想象，仿编诗歌、散文中的一句，或续编故事结尾。

5. 早期阅读活动

① 喜欢看书，知道看书的基本方法，能初步看懂单幅儿童图画书的主要内容。

② 能用口头语言将儿童图画书的主要内容说出来，开始感受语言和其他符号的转换关系。

③ 对文字感兴趣，能在成人的启发下认读最简单的文字。

④ 在活动中,以描画图形的方式练习基本笔画。

 **中班**

1.谈话活动

① 能集中注意力,耐心地倾听别人谈话,不打断别人的话。

② 乐意与同伴交流,能大方地在集体面前说话。

③ 能说普通话,较连贯地表达自己的意思。

④ 学会围绕一定的话题谈话,不跑题。

⑤ 学会用轮流的方式谈话,不抢着讲,不乱插嘴。

⑥ 继续学习交往语言,提高语言交往能力。

2.讲述活动

① 养成先仔细观察,后表达讲述的习惯。

② 逐步学会理解图片和情景中展示的事件顺序。

③ 能主动地在集体面前讲述,声音响亮,句式完整。

④ 学习按照一定的顺序讲述实物、图片和情景的内容。

⑤ 能积极地倾听别人的讲述内容,发现异同,并从中学习好的讲述方法。

3.听说游戏

① 在游戏中,巩固练习发音,正确运用代词、方位词、副词、动词、连词和介词等。

② 能说简单而完整的合成句。

③ 能听懂并理解多重游戏规则。

④ 学习较迅速地领悟游戏中的语言规则,并能及时做出相应的反应。

4. 文学作品学习活动

① 喜欢不同形式的文学作品,主动积极地参加文学活动。

② 知道文学作品语言与日常生活语言的不同,进一步感受文学作品的语言美。

③ 学习理解文学作品的人物形象,感受作品的情感基调,能运用较恰当的语言、动作、绘画形式表现自己的理解。

④ 能根据文学作品提供的线索,扩展想象,仿编或续编一个情节或一个画面。

5. 早期阅读活动

① 能仔细观察图画书画面的人物情节、看懂单页多幅的儿童图画书的内容,增强预知故事情节发展和结局的能力。

② 懂得爱护图书,知道图书的构成,有兴趣模仿制作图画书。

③ 在阅读过程中,初步了解汉字的由来和简单的汉字认读的规律,并有主动探索汉字的愿望。

④ 喜欢描画图形,尝试用有趣的方式练习汉字的基本笔画。

大 班

1. 谈话活动

① 能主动、积极、专注地倾听别人的谈话,迅速掌握别人谈话的主要内容,并从中获取有用的信息。

② 能主动地用普通话与同伴交流,态度自然大方。

③ 能围绕话题谈话,会用轮流的方式交谈,并能用恰当的语言表达自己的情感,与同伴分享感受。

④ 逐步学会用修补的方法延续谈话,进一步提高语言交往水平。

2. 讲述活动

① 通过观察,理解图片、情景中蕴含的主要人物关系和思想感情倾向。

② 能有重点地讲述实物、图片和情景,突出讲述的中心内容。

③ 在集体面前讲话态度自然大方,能根据场合的需要调节自己讲话的音量和语速。

④ 讲话时,语言表达流畅,不停顿,用词用句较为准确。

3. 听说游戏

① 在游戏中,学习正确运用反义词、量词和连词等,并能说完整的合成句。

② 养成积极倾听的习惯,迅速把握和理解游戏中较复杂的多重指令。

③ 不断提高幼儿倾听的精确程度,准确掌握和传递有细微差别的信息。

④ 在游戏中,按照规则迅速调动个人已有的语言经验编码,并进行迅速的语言表达。

4. 文学作品学习活动

① 乐意欣赏不同体裁、不同风格的文学作品,在文学活动中积累文学语言,并尝试在适当场合运用。

② 在理解文学作品人物、情节或画面情景的基础上,学习理解作品的主题或感受作品的情感脉络。

③ 初步感知文学作品语言和结构的艺术表现特点,开始接触文学作品的艺术语言构成方式。

④ 依据文学作品提供的想象线索,联系个人已有经验扩展想象,并创造性地进行表述。

5. 早期阅读活动

① 能与同伴合作制作图画书,进一步了解图画书的构成。

② 知道图画书中的画面与文字的对应关系,开始有兴趣阅读图画书中简单的文字。

③ 积极学认常见的汉字,进一步了解汉字认读的规律,提高观察模拟的能力,并能注意在生活中运用已获得的书面语言。

④ 掌握基本的书写姿势,在有趣的图形练习中做好写字的准备。

第二节 幼儿园语言教育的内容、途径和方法

一、幼儿园语言教育的内容

专门的语言教育内容

(一)专门的语言教育内容

专门的语言教育内容,是为幼儿提供与语言进行充分互动的环境,使他们有机会对在日常生活中获得的零碎语言经验进行提炼和深化,达到对语言规则的理解和有意识的运用。专门的语言教育内容是根据既定的语言教育目标,通过有计划地安排和组织幼儿系统学习语言的专门语言教育活动来呈现的。

专门的语言教育内容分别蕴含在以下类型的活动中,即谈话活动、讲述活动、听说游戏活动、早期阅读活动、文学作品学习活动。

(1)谈话活动。

谈话活动的重点目标在于培养幼儿运用口头语言与他人交际的意识、情感和能力。内容涉及两个方面:围绕自己熟悉的人或事进行谈话;就某一熟悉的场景发表个人的观点和想法。

(2)讲述活动。

讲述活动在于培养幼儿认真倾听的习惯和完整、连贯、清楚的表述能力,促进其独白语言的发展。内容涉及:用简单明了的语言,把某一实物的特征、功用解说清楚;用比较恰当的语言讲述图片或影片中的主要人物、事件;用生动形象的语言,讲述人物的形态、动作。

(3)听说游戏。

听说游戏在于培养幼儿在口语交往活动中的快速、机智、灵活的倾听和表达能力。内容涉及:巩固难发的音和方言干扰音,练习声调和发声用气;扩展、丰富词汇量,练习词的用法;在游戏中,尝试运用某些结构的句子,锻炼语感。

(4)文学活动。

文学活动在于培养幼儿欣赏文学作品的能力以及利用文学语言表达想象、表达生活经验的能力。内容涉及:在欣赏儿童诗歌、散文的基础上,仿照某一首诗歌或一篇散文的框架,编出自己的诗歌或散文段落;童话故事和生活故事的学习、表演,或仿编和续编;通过对话、动作、表情进行故事表演,体验作品的情节变化和人物情感的变化。

(5)早期阅读。

早期阅读活动在于培养幼儿对书面语言的兴趣,引导他们逐渐产生对汉字的敏感性,丰富他们前阅读和前书写的经验。内容包括:① 前图书阅读,学习翻阅、理解和制作图书,了解图书画面、文字与口语之间的对应关系;② 前识字,感受文字的功能、作用,了解识字的最基本规律和方法;③ 前书写,感受汉字的基本结构,认识汉字的书写特点和工具,学习书写汉字的基本方式。

(二)渗透的语言教育内容

渗透的语言教育内容,就是充分利用幼儿的各种生活和学习经验,在真实的生活情境中为幼儿提供更广泛的、多种多样的学习语言的机会,使幼儿更好地运用语言获得新的生活经验和其他方面的学习经验。渗透的语言教育内容既可以使幼儿更好地运用语言和发展语言,也可以促进幼儿在日常活动、游戏和其他学习活动中的语言交往。渗透的语言教育内容通常出现在以下几种情境之中。

1.日常生活中的语言交往

渗透在幼儿的日常生活过程中的语言教育,可以帮助幼儿获得的语言经验包括以下几个方面:注意倾听、理解和执行生活常规以及成人的指令性语言;学会运用礼貌语言与他人交往;学习运用语言向他人表达自己的需要和要求,对他人提出的要求做出恰当的应答;学习运用恰当的语言解决与同伴之间发生的冲突。

2.自由游戏中的语言交往

渗透在自由游戏中的语言教育可以帮助幼儿获得的语言经验包括以下几个方面:学习运用玩具结合动作自言自语,进行自娱或自我练习;学习自主选择游戏的内容、伙伴、材料等;学习通过协商等语言方式,解决与同伴在游戏内容、材料的选择,以及游戏规则的制定过程中出现的矛盾冲突。

3.其他领域活动中的语言交往

渗透在其他领域活动中的语言教育可以帮助幼儿获得的经验包括以下几个方面:集中注意倾听教师布置的活动任务;学习运用语言指导观察和操作并思考事物之间的相互关系,指导表达对观察对象的感受和认识;理解语言与其他活动内容之间相互关系,学习运用语言促进相关领域知识的掌握和能力的提高,提高学习的效率。

4.随机渗透在日常生活环节中的语言学习

随机渗透在日常生活中的语言学习通常包括以下四种形式:

(1)在饭前饭后、午睡前后以及离园前等生活环节,让幼儿倾听优美的儿歌、散文、故事等文学作品。这样的文学作品通常是幼儿能够理解的,或者是他们已经学习过的。

(2)在幼儿午睡起床或其他等待环节,让幼儿按照一定的规则进行语言操作游戏。幼儿边玩边说,能够充分体验游戏的乐趣,并在玩的过程中充分练习、巩固和扩展已经获得的语言经验。这类活动包括猜谜语、接话、传话、组词、玩拍手游戏等多种形式。

(3)利用一日生活中的各种等待或过渡环节提供幼儿表述的机会,让幼儿根据自己的经验大胆地讲述自己的想法,有时可以围绕一个主题,有时也可以没有主题。

(4)利用幼儿离园前、自由游戏等时间,鼓励幼儿以集体、小组或个别的形式,自由阅读图书。同时也鼓励幼儿自己组织看录像或影碟等。这种活动的目的,在于帮助幼儿逐步养成喜欢阅读的良好习惯。

 二、幼儿园语言教育的途径

幼儿园语言教育的途径主要有三种:教学活动、游戏活动、日常活动。

(1)教学活动除了语言教学活动以外,还包括其他领域的教学活动,是幼儿语言教育的主要途径。

(2)游戏活动中的语言是幼儿之间交往、合作、分享的工具,也是指导和调节幼儿选择游戏内容、游戏伙伴和游戏材料的工具。

(3)日常活动中的语言运用为幼儿提供了最自然、最宽松的语言学习环境,有助于提高幼儿的口语表达能力。

 三、幼儿园语言教育的方法

幼儿园语言教育的方法是根据幼儿语言发展理论、幼儿学习语言的规律、幼儿语言教育的目标,以及多年来幼儿语言教育实践经验归纳出来的。常用方法有:示范模仿法,视、听、讲、做结合法,游戏法,表演法和练习法等。

(一)示范模仿法

示范模仿法是指教师通过自身的规范化语言,为幼儿提供语言学习的样板,让幼儿始终在良好的语言环境中自然地模仿学习,有时也可以由语言发展较好的幼儿来示范。

示范模仿法的具体运用要求如下:教师的示范语言一定要规范到位。如,咬字清楚、发音准确,语言简单明确、规范、富于表现力和感染力等;教师要把握好示范的时机和力度,如难发准的音、新词句的学习、人物的对话、连贯的讲述、需要幼儿作为仿编参照的原词句等,让幼儿有意识地进行模仿学习;教师要恰当地运用"显性示范"和"隐性示范"的手段;教师要积极观察幼儿语言表现,妥善地运用强化原则。可以让语言发展较好的幼儿做示范者,为同伴提供模仿学习的样板。同时,也要及时地指出错误,避免重复幼儿不正确的语言,产生误导。但也要避免过于挑剔幼儿讲述中的语言错误,导致降低幼儿学习的积极性。

(二)视、听、讲、做结合法

视、听、讲、做结合法是依据"直观法"的要求,结合幼儿学习的特殊性提出的。

所谓"视"是指教师提供具体形象的讲述对象,如实物、图片、图书、情景表演等,让幼儿充分地观察。

所谓"听"是指教师用语言描述、启发、引导、暗示、示范等,让幼儿充分地感知与领会。

所谓"讲"是指幼儿在感知理解的基础上,充分地表述个人的认识。

所谓"做"是指教师给幼儿提供一定的想象空间,通过幼儿的参与或独立的操作活动,帮助幼儿充分地构思,从而组织起更加丰富、连贯、完整、富有创造性的语言进行表述。

视、听、讲、做结合法在具体运用时应注意:教师提供给幼儿感知的材料,应是幼儿熟悉

的或符合幼儿认识特点的；教会幼儿观察被讲述对象的方法，给幼儿留存一定的观察时间和空间；教师的提问要有顺序性、启发性，帮助幼儿构思与表述；根据幼儿的语言实际水平，提出不同的表述要求，要求幼儿在动手、动脑、动口的学习中获得语言经验。

（三）游戏法

游戏法是指教师运用有规则的游戏，训练幼儿正确发音，丰富幼儿词汇和学习句式的一种方法。游戏法能提高幼儿学习兴趣，集中幼儿的注意，促进幼儿各种感官和大脑的积极活动。

游戏法的运用有的需要配合教具或学具来进行，随着幼儿年龄的增长，应逐渐减少直观材料。有的就是纯语言的游戏。如，练习发音、学习反义词、练习组词和造句等游戏。对于个别学习有困难的幼儿，可运用游戏法进行重点帮助，使他们在轻松、愉快、饶有兴趣的活动中进行强化训练。

（四）表演法

表演法是指在教师的指导下，幼儿学习表演文学作品以提高口语表现力的一种方法。

表演法具体运用要求是：必须在幼儿理解文学作品内容，并能熟练朗读的基础上，指导幼儿进行表演；鼓励幼儿在表演中创新内容和增加情节与对话，大胆地发展故事情节，恰当地进行动作设计和人物的心理刻画和渲染；要为全体幼儿提供参与表演的机会。

（五）练习法

练习法是指有意识地让幼儿多次使用同一个言语因素（如，语音、词汇、句子等）或训练幼儿某方面技能技巧的一种方法。在幼儿语言教育中，口头练习是大量的。

练习法的具体运用要求是：练习的要求要逐步提高；练习方式应生动活泼，形式变幻多样，从而调动幼儿学习的积极性。

以上所列举的幼儿园语言教育的方法只是几种比较常见的，教师在实际应用中，还需根据幼儿园的具体条件，结合本班幼儿语言发展和语言学习的特点，选择和创造更为合适的教育方法，有的放矢地进行语言教育。同时，各种教育方法还可以互相配合，交叉使用或互相补充，综合运用，以共同促进幼儿语言的发展。

第三节 幼儿园语言教育活动指导要点与设计

一、幼儿园语言教育指导要点

《纲要》明确指出了幼儿园语言教育活动的指导要点：

（1）语言能力是在运用的过程中发展起来的，发展幼儿语言的关键是创设一个能使他们

想说、敢说、喜欢说、有机会说，并能得到积极应答的环境。

（2）幼儿语言的发展与其情感、经验、思维、社会交往能力等其他方面的发展密切相关。因此，发展幼儿语言的重要途径是通过互相渗透的各领域的教育，在丰富多彩的活动中扩展幼儿的经验，提供促进语言发展的条件。

（3）幼儿的语言学习具有个别化的特点，教师与幼儿的个别交流、幼儿之间的自由交谈等，对幼儿语言发展具有特殊意义。

（4）对有语言障碍的儿童，要给予特别关注，要与家长和有关方面密切配合，积极地帮助他们提高语言能力。

二、幼儿园语言教育活动设计

幼儿园语言教育活动设计是将一定的语言教育活动的目标、内容和活动方式转化成具体方案的过程。活动指导则是通过具体的活动方式和运用一定的方法，实施活动设计的过程。

（一）活动目标的确定

幼儿园语言教育活动目标的制定，是语言教育活动设计中最重要的环节。它指出了通过语言教育所要达到的预期效果。具体设计时，应注意以下几个方面。

1.依据语言教育的总目标

《纲要》提出了幼儿园语言教育的总目标，这一目标是幼儿教师制定各年龄班语言教育目标的依据。如《纲要》规定，幼儿语言教育的范围涉及倾听、表达、阅读和书写准备，那么教师在制定语言教育活动目标时也必须从这几个方面入手。

2.符合幼儿语言教育的年龄阶段目标

语言教育活动目标的制定，应根据幼儿的年龄特征和发展水平，符合幼儿语言发展的规律和特点，由浅入深、由易到难、循序渐进，使幼儿能从具体到抽象、从直接到间接获得语言经验。

活动案例 3-1

活动一 小班诗歌学习：《小草的风筝》

 **活动目标**

（1）理解诗歌内容，体会"小草放风筝"的童趣和奇妙。
（2）在倾听活动中感受诗歌优美的意境。
（3）在游戏表演中，进一步感受诗歌语言的妙趣。

活动二 大班诗歌学习:《风藏在哪里》

活动目标

(1)欣赏诗歌,感受诗歌的优美意境和问答式的结构特点;

(2)学习有感情地朗读诗歌,区别问句和答句的不同读法;

(3)初步尝试按照诗歌结构进行仿编,用生动、形象的词汇描述事物。

分 析

活动一:考虑到小班幼儿的年龄特点,把诗歌学习的重点确定为欣赏。在感受、理解的基础上,通过动作表现的形式,来进一步感受语言的趣味性。

活动二:所对应的是大班幼儿,教学中的文学性体现得更强一些。在感受、理解的基础上,有朗诵要求、仿编要求,对于大班幼儿来说具有一定的挑战性。

3.突出幼儿语言教育的特点

语言教育目标的制定,应将促进幼儿语言的发展作为落脚点,要落实到幼儿对语言内容、语言形式和语言技能的掌握上,避免语言教育活动成为其他领域的活动。即使进行整合教学,也必须以语言教育内容为重点,整合进来的内容应是为语言教育目标服务的。

活动案例 3-2

大班语言活动:"'不怕冷'的大衣"

活动目标

(1)知道冬天多运动就"不怕冷";

(2)通过体育运动进一步体验"'不怕冷'的大衣"。

分析调整

显而易见,这一语言教学活动目标虽然体现了整合的教育理念,却完全忽视了"语言发展"这一重要语言目标的体现。即使整合教学,也必须以本学科的内容为重点,整合进来的内容应是为本学科的教学目标服务的。可修改为:

(1)能仔细倾听故事,理解主要的故事情节;

(2)初步学习运用生动的语气表现故事内容;

(3)知道"不怕冷"的秘密是多运动,培养不怕寒冷、坚持锻炼的勇敢品质。

4.强调幼儿的全面发展

语言教育目标包括三个维度:认知目标、能力目标、情感态度目标。活动目标的制定应该从这三个方面考虑,强调幼儿的全面发展。

（1）认知目标。

关注知识概念的学习,包括幼儿所获得词汇的数量和句式的种类,以及在什么样的语境下运用这些词汇和句式。

（2）能力目标。

关注语言能力的学习,包括组词成句的能力和在具体语境中运用语言的能力。如,能根据不同听众和语境,恰当运用有关的词汇、语法和语调。

（3）情感态度目标。

突出情感目标的学习,包括兴趣、态度和价值观等方面的变化。

活动案例 3-3

大班谈话活动:"我的家乡××市"

活动目标

（1）学习用完整的句子连贯叙述家乡的自然风景和城市建设,会用"有……有……"句式。（认知目标）

（2）知道在不同场合用不同音量和语调表述自己的见解,并掌握轮流谈话的规则。（能力目标）

（3）通过谈话,增进对家乡的了解,激发爱家乡的情感。（情感态度目标）

5.考虑语言教育活动的不同类型

幼儿语言教育中五种不同类型的教育活动各自所要实现的目标是有所侧重的。譬如,谈话活动的重点目标在于培养幼儿运用口头语言与他人交际的意识、情感和能力;讲述活动则偏重于培养幼儿感知、理解讲述对象,清楚、连贯、完整地表述某一事、物的能力;听说游戏重在培养幼儿在语言交往中的灵活性和机智性,锻炼幼儿迅速领悟语言规则,并按规则要求表达的能力;早期阅读活动重在帮助幼儿建立口头语言与书面语言的对应关系,掌握早期阅读的方法、技能,养成良好的阅读习惯;而文学作品活动重点引导幼儿欣赏文学作品的语言美、形式美和情感美,掌握准确、生动的文学语言表达,学习创造性地运用语言。

(二)活动内容的选择

活动内容是实现目标的手段,是语言教育内容的具体化。活动内容的选择是整个语言教育活动设计的核心。

选择活动内容时应注意以下几点。

1.根据语言教育目标选择内容

活动目标是为阶段目标和终期目标服务的,总目标和年龄阶段目标要通过一个个具体的活动目标落实到每个幼儿身上。教师要将语言教育的总目标、阶段目标作为参照点,根据"倾听与表达""阅读与书写准备"两个子领域的目标要求,选择语言教育内容,帮助幼儿从知识、能力、情感三个方面获得发展,提高幼儿语言水平。

2.根据语言活动类型选择内容

每种语言活动类型都有自身的特点,应根据不同类型的特点选择适当的活动内容。如谈话活动的特点是让幼儿围绕某一话题倾听他人讲话、表达自己想法,教师就要寻找有利于幼儿自由交谈的话题,如玩具、风筝、汽车等幼儿感兴趣的话题作为内容;听说游戏的特点是让幼儿按一定规则练习口头语言,教师就要选择容易转化为游戏规则的内容。

3.根据幼儿已有经验选择内容

幼儿的语言学习是不断获得语言经验的过程,也是幼儿园、家庭、社会不断为幼儿提供各种新的语言经验的过程。教师应了解幼儿原有的语言经验和生活经验,考虑幼儿新旧语言经验的内在联系,然后选择有针对性的,并能产生新经验的活动内容,使幼儿每一次获得的语言经验都能成为其以后语言学习的基础。

(三)活动过程的设计

由于语言教育内容类型的不同,各活动过程也存在一定的特殊性,设计时既要综合体现教育目标、教育内容和教育方法,还应体现各类语言教育活动的特点。

以下为五种类型语言教育活动设计的基本步骤。

1.谈话活动设计的基本步骤

(1)创设谈话情境,引出谈话话题。

在活动的开始,教师通过创设一定的情境,激发幼儿谈话的兴趣,以及对话题有关经验的联想,打开谈话的思路,使幼儿在谈话之初就被吸引到活动中来,从而想急于表达自己的看法。主要通过下面三种方式创设情境。

①以实物或直观教具创设情境。教师可以利用墙饰、桌面玩具、实物摆设、活动角布置等可视形象引出谈话话题。如,在组织大班谈话活动"好吃的水果"时,可利用室内区角布置一个水果展,把各种水果实物直观呈现在幼儿面前,组织幼儿参观水果展,调动他们的生活经验,激发起幼儿谈话的热情。

②用语言创设情境。教师用生动有趣的语言唤起幼儿对话题经验的记忆,引出谈话。这种方式要求通过教师生动的语言,描述一种情境,或者是提出一些问题唤起幼儿的记忆,调动幼儿的相关经验,使幼儿顺利地进入谈话过程。

③用游戏或表演的形式创设情境。先让幼儿做一个与主题相关的游戏,引起幼儿的思考,为下一步奠定良好的基础。如,中班谈话活动"公交车上",可先请几个小朋友分别扮演司机和乘客,进行情境表演。当他们表演到老奶奶上车后没人让座时,教师可提问幼儿:"如果你也在车上,你会怎么做?"通过这种生动的游戏或表演的形式,很容易调动幼儿谈话的积极性。

(2)引导幼儿围绕话题自由交谈。

引出话题之后,就要提供给幼儿围绕中心话题自由交谈的机会,目的在于调动幼儿个人对所谈中心话题的知识储备,运用已有经验交流个人见解。教师应注意以下几点:

①真正放手让幼儿围绕话题大胆、自由交谈;

②鼓励每个幼儿积极参与谈话;

③适当添加幼儿"动作"的机会;

④教师适当参与谈话并了解谈话情况。

(3)引导幼儿围绕主题逐步拓展谈话内容。

幼儿运用已有经验充分交谈后,教师应通过总结谈话等方式逐层深入谈话,拓展谈话的范围,向幼儿展示并帮助他们学习运用新的谈话经验,使幼儿的谈话水平进一步提高。这一步骤是谈话活动的重点和核心。在这一过程中,教师应着重思考:围绕某一新话题可以引导幼儿从哪些方面来谈,先谈什么、后谈什么。例如,大班的谈话活动"我喜爱的图书",教师设计的中心话题拓展顺序应该是:幼儿描述图书的种类—喜爱哪类图书—为什么喜爱—自己对图书的独特感受—畅想—下未来的图书是什么样子。

活动案例 3-4

大班谈话活动:"快乐的春节"

活动目标

(1)耐心倾听他人谈话,知道轮流发言的基本谈话规则。

(2)能围绕中心话题交流,乐意参与到谈话活动中。

(3)能清楚讲述春节所去地方的特色及见闻。

活动准备

(1)物质材料:照片、春联、剪纸、食材、红包、景点门票等。

(2)知识经验:幼儿过春节的经历、见闻。

活动过程

1.导入:创设情景,激起幼儿谈话兴趣

师:"小朋友,看,今天我们的教室多热闹:小朋友带来了很多年货。大家向身边的小朋友介绍一下:这个春节你和谁一起过的? 去了哪里? 参加了什么活动? 有什么好玩的、好吃的? 发生了什么开心的、难忘的事? 大家相互交流一下。"

2.幼儿围绕话题自由交谈

请幼儿在活动室参观与春节相关的春联、剪纸、食材、礼品、景点门票、电影票、照片,激发幼儿对春节的回忆及谈话兴趣。幼儿边观看展品边围绕"快乐的春节"自由交谈,教师以平等的交谈者身份参与幼儿的谈话交流。

3.教师示范谈话经验

教师拿出自己春节与家人外出度假的照片,谈谈自己在春节旅游时对环境保护的一些看法。

4.教师引导幼儿拓展谈话范围

(1)幼儿自由绘画。

师:"刚才大家交谈了这个春节我们见过的亲人、参加的各种活动和见过的各种纪念品。但是可能还有没见到的亲人、没有参加的活动、没有去过的好玩的地方,现在,大家可以把没有实现的愿望画下来。"

(2)个别幼儿面向全班交流。

在幼儿自由交谈、绘画和教师示范谈话的基础上,教师提问,引发幼儿拓展话题内容:"你画的是哪位亲人?是什么春节习俗和活动?压岁钱你打算怎么花?明年你准备怎么过快乐的春节呢?"

教师面向全体幼儿提出拓展话题后,先请幼儿与身边的同伴进行交流,使每个幼儿都参与谈话,然后分别请个别幼儿拿着自己的画,围绕问题面向全班进行交流。

活动延伸

幼儿和家长讨论明年的春节有什么新打算。

2.讲述活动设计的基本步骤

(1)感知、理解讲述对象。

感知、理解讲述对象,是讲述活动开展的基础,主要是通过观察的途径,大部分是通过视觉汲取信息,也不排斥从其他感官获得认识。如开展看图讲述、实物讲述、情境表演讲述时,可让幼儿通过仔细看图、看实物、看表演,来感知、理解讲述对象。如,触摸实物讲述活"我摸你猜",让幼儿闭上眼睛从口袋摸出一样物体,通过触摸来感知物体的特征,从而推断物体的名称并据此讲述物体。听录音讲述活动"夏天的池塘",先让幼儿听录音分辨出各种声响,如蝉鸣声、青蛙叫声、流水声,再将各种声音联系起来,想象夏天池塘的环境以及发生的事情,这是从听觉途径感知、理解讲述对象。教师在引导幼儿感知、理解讲述对象时,可以通过有顺序的提问引导幼儿仔细观察。

(2)运用已有经验讲述。

在幼儿感知、理解讲述对象,积累了一定经验的前提下,教师可以鼓励幼儿运用自己的语言将已经具备的经验讲述出来。教师应注意以下几点:

①幼儿自由讲述前,要提醒幼儿围绕感知、理解对象来讲述,切忌"跑题";

②注意倾听幼儿的讲述内容,及时发现幼儿讲述中的"闪光点"和不足,但不要过多指正,以免打断幼儿的讲述思路。

③可以用提问的方式帮助幼儿有序的讲述,以插话方式加以提示,当幼儿讲述遇到困难

时,提供线索,起到搭桥引路的作用。

④可通过想象、猜测、模仿、表演等方法增加幼儿讲述的趣味性。

(3)引进新的讲述经验。

新的讲述经验主要是指讲述的思路和讲述的方式。新的讲述经验是每次讲述活动的重点,教师应根据活动目标灵活运用各种方法,帮助幼儿理解并接受新的讲述经验。讲述的思路主要是指教师在引进新的讲述经验时,要帮助幼儿理清讲述的思路,使整个讲述活动有较强的顺序性和条理性,以免遗漏重大事件、重要人物或没有围绕事件发生的顺序来讲述。引进新经验的方式主要有下面三种:

①示范法:教师在幼儿自由讲述的基础上,提出一种新的讲述思路,就同一讲述对象发表个人见解。如,在大班拼图讲述活动"城市里的交通工具"中,幼儿简单拼图讲述之后,教师重新拼摆并添加街道、花园、高楼等,构成一个合理而丰富的画面,组成现代化城市,设计有情节的内容并讲述出来。

②提示法:教师用提问、插话的方法引导幼儿的讲述思路,导入新的讲述经验,通过提问、插话不断改变幼儿讲述的思路。

③讨论法:教师与幼儿共同讨论新的讲述经验。

(4)迁移新的讲述经验。

幼儿学习新的讲述经验后,还需要进行实际操练。如学习讲述"夸夸我的好妈妈"后,可以再迁移讲述"夸夸我的好爸爸""夸夸我的好老师",帮助幼儿习得新的讲述经验。

活动案例 3-5

中班讲述活动:"我摸你猜"

活动目标

(1)通过触觉感知物体的大小、形状、质地等。

(2)学会注意倾听别人描述事物。

(3)能用恰当的词语描述具体物体,并说出物体的主要特征。

活动准备

(1)物质材料:手感、质地、形状不同的物体,如玻璃球、乒乓球、皮球、磁铁、普通铁块、石头、积木、长毛绒小狗、玻璃瓶、塑料瓶等。

(2)知识经验:幼儿描述其他事物的经验。

活动过程

1.感知、理解讲述对象

(1)先将所有物品全部陈列在桌上,让幼儿逐一指认,并认真观察物体的形状,用手摸一摸,感觉一下物体的质地、手感,使幼儿对物品的整体有初步的感知。

（2）将所有物品依次放入开口适中的箱内。

（3）教师演示讲述。教师先将手伸入箱内,摸到一个物品后,故作神秘地说:"哎呀,我摸到了一样好东西,它圆圆的、硬硬的、凉凉的,很光滑,像大花生米那么大,小朋友猜猜是什么呀?"(玻璃球)

2.幼儿运用已有经验讲述

（1）仿照教师的做法,请一位幼儿上来触摸一样东西,并请他用准确的词汇描述这件物品的形状、特征,其他幼儿集体猜测他所摸物品的名称。在这一过程中,教师要引导幼儿认真、仔细倾听讲述者的描述。

（2）可以依次请几位幼儿分别讲述。

3.引进新的讲述经验

请两至三位幼儿共同触摸同一物品并进行描述,教师启发、引导幼儿讨论:"谁讲得最清楚,让大家一猜就知道他说的是什么? 为什么大家认为他讲得最清楚?"

帮助幼儿归纳思路:"这个物品是什么形状? 摸在手中是什么感觉?"

4.迁移新的讲述经验

（1）教师描述一个物品触摸时的特征,请幼儿通过触摸找到此物品,再说出它的特征。让大家仔细倾听,这位幼儿找到的是不是老师描述的物品。如果不是,说出为什么不是,帮助其改正。

（2）幼儿分五人一组,仿照上述方式,一人描述,一人摸物品,其他三人认真倾听,并加以评判,然后调换角色。

活动延伸

仿照活动,利用家里现有的物品和爸爸妈妈一起玩"我摸你猜"的游戏。

3.听说游戏活动设计的基本步骤

（1）创设游戏情景,引发幼儿兴趣。

这一步骤的主要目的,在于营造听说游戏的氛围,引发幼儿参与游戏的兴趣。一般采用三种方法:物品创设、动作创设、语言创设。

（2）说明游戏规则,明确游戏玩法。

这一步骤实际上是教师对幼儿布置任务、讲解要求的过程。教师应注意以下几点:

①用简洁明了的语言讲解;

②讲清楚听说游戏规则要点和游戏的开始顺序;

③注意用较慢的语速进行讲解和示范。

（3）教师指导幼儿游戏。

教师带领幼儿开展游戏,此时是以教师为主角指导幼儿游戏的过程。可以部分幼儿参与游戏,也可以全体幼儿参与部分游戏环节。这一步骤有利于幼儿在活动中熟悉游戏规则,进一步理解游戏的程序,掌握在游戏中运用语言交往的思路,从而为下一步独立开展听说游

戏做好充分准备。

（4）幼儿自主游戏。

在幼儿自主游戏的阶段，教师已从游戏领导者的身份变为旁观者的身份。此时应细心观察，帮助不熟悉规则的幼儿按规则进行游戏，并注意发现游戏过程中可能出现的矛盾和纠纷，及时予以解决，确保游戏顺利进行。

活动案例 3-6

小班听说游戏："小小五官"

活动目标

（1）通过游戏，使幼儿学会认真倾听。

（2）能口齿清楚地学会《五官谜语》儿歌。

（3）愿意参与游戏，在游戏中能与同伴交往合作。

活动准备

（1）物质材料：五官的头饰两套，小镜子人手一个。

（2）知识经验：幼儿已知道五官（眼、耳、口、鼻、舌）的名称。

活动过程

1.导入

（1）创设游戏情景，引发幼儿兴趣。

师："今天老师给小朋友带来一件宝贝，但是需要小朋友猜出它的名字，它才出场。谜语是：'你哭它也哭，你笑它也笑，只要对着它，喜怒全知道。'"（镜子）

（2）幼儿照镜子认识自己的五官。

师："我们一起来照照镜子，从镜子里看到了什么？你笑一笑，镜子里的宝宝怎么样？说说自己的眼睛像什么、耳朵像什么、嘴巴像什么、鼻子像什么、舌头像什么。"

（3）请幼儿注意倾听谜面，并练习说谜语。

谜语1：上边毛，下边毛，中间一颗黑葡萄。（眼睛）

谜语2：左一片，右一片，隔着山头不见面。（耳朵）

谜语3：上一片，下一片，中间一道白围墙。（嘴巴）

谜语4：可以呼吸，可以闻气味，它的本领可真大。（鼻子）

谜语5：此物能歌善辩好强，可惜生来命若，酸咸苦辣皆尝。（舌头）

根据情况，可反复练习。

2.指导幼儿游戏

（1）向幼儿说明游戏"出五官，说谜语"的规则。

师："下面我们做一个小游戏，先请五位小朋友带上五官的头饰，然后让'五官'一个一个出场，其余的小朋友举手示意，口齿清楚地说出它的谜语。"

（2）在教师的指导下,让幼儿熟悉游戏规则,练习"出五官,说谜语",教师适时提醒。

3.幼儿分组自主游戏

把幼儿分成两组,每一组有五位幼儿轮流扮演"五官",依次出场,保证每一位幼儿都能有机会清楚表达五官的谜语。

教师注意观察指导。

活动延伸

收集幼儿谜语,与幼儿玩猜谜语的游戏。

4.早期阅读活动设计的基本步骤

（1）阅读前的准备。

幼儿对所阅读的图书不太了解时,便无法很好地回答教师提出的问题,这样阅读活动就很可能变成一节提问课或讲解课,导致教师指导的重点转移,阅读活动就失去了应有的意义。所以,在正式阅读活动开始前几天,有必要先让幼儿大概理解一下图书,为正式阅读活动做好准备。

（2）幼儿自由阅读。

幼儿自由阅读是幼儿正式阅读活动的第一阶段。这一步骤将阅读活动的书面语言内容展现在幼儿面前,创造机会让幼儿自由阅读,观察认识对象,获得相关信息。这一阶段,教师在指导时应注意:

①多提出有启发性、有针对性的问题,引导幼儿的思路,让幼儿带着问题边思考边阅读,帮助幼儿把握和解决阅读内容中的重点和难点。

②教师要注意观察每个幼儿的表现,针对不同阅读能力的幼儿进行分类指导。

（3）师幼共同阅读。

师幼共同阅读是阅读活动的一个重要步骤,也是最能体现教师指导作用的环节。可以分为以下几个步骤:

①师幼共同阅读,理解图书大致内容。由于幼儿对图书的主要情节和内容已经有所熟悉,教师可以多用提问的方法,与其一起阅读、理解图书。问题不要太多,可以一个问题涉及多个画面,幼儿需要在全面理解的基础上才能回答。

②围绕重点开展活动。由于图书有前后连贯性强的特点,要围绕重点进行指导,使幼儿能将图书的细节与内容结合起来,深入理解图书的主要内容,体会书中人物的内心感受。

③引导幼儿归纳图书内容。在幼儿对图书内容深入理解的基础上,教师要鼓励幼儿将主要内容用一句话或一段话归纳总结出来,从而巩固、消化所学的内容。

（4）幼儿讲述阅读内容。

幼儿讲述阅读内容的步骤主要是让幼儿用口头语言讲述图书的主要内容,是幼儿将图画符号转化为语言符号的阶段,是阅读活动中不可缺少的环节。常见的讲述形式主要有小组讲述、集体讲述和同伴间合作讲述。

5.文学作品活动设计的基本步骤

（1）学习欣赏文学作品内容。

学习欣赏文学作品内容的步骤主要是通过创设情景激发幼儿学习文学作品的兴趣，并引出作品。根据文学作品的难易程度、本班幼儿的实际水平、活动环境和材料便利与否，教师可采取不同的方式组织教学，可采用教师讲述、录音等听觉手段，也可采用实物、图片、多媒体等视觉手段，还可采用观看情景表演等教学手段，以此让幼儿学会欣赏作品、感知作品、激发想象。

（2）理解、体验文学作品的思想感情。

在学习、欣赏文学作品的基础上，教师要通过复述、提问、讨论、模仿、表演等活动，进一步引导幼儿深入理解作品的内涵，尤其是要去体验作品中所展示的角色的情感历程和心理感受，以此理解、体验文学作品的思想感情，深化主题。

（3）迁移延伸文学作品经验。

文学作品活动向幼儿展示的只是一种间接经验，为了让幼儿进一步加深对文学作品的理解和体验，教师要围绕作品重点内容开展一些音乐、美术、手工、游戏、表演等操作性活动，使幼儿将作品内容迁移、延伸到实际生活经验中去。例如，结合幼儿文学作品的"我想当妈妈"活动中，教师引导幼儿观察、回忆妈妈的一日生活，让幼儿说一说、画一画、演一演"妈妈"，将作品的内容和情感迁移、延伸到自己的实际生活中去。

（4）创造性想象和语言表达。

在幼儿对文学作品学习、欣赏、理解、体验的基础上，教师应引导幼儿分析讨论作品的结构特点、句式特点、语言特点，让幼儿展开想象，挖掘语言潜力，组织幼儿创编故事、仿编儿歌。

活动案例 3-7

大班文学作品活动："我想要的太阳"

活动目标

（1）学念诗歌，了解不同颜色的太阳带给大自然的好处。

（2）通过活动内容增强想象力和创造力。

（3）尝试仿编诗歌，用诗化的语言大胆表述想象内容和个人经验。

活动准备

（1）物质材料：四季的图片、四种颜色的太阳图片、多媒体配乐诗。

（2）知识经验：对自然界及社会的一定认识。

活动过程

1.猜谜语导入，激发幼儿兴趣

教师出谜："有位老公公，满脸红彤彤，天晴就出来，一早就出工。"（太阳）

2.幼儿选太阳,帮助理解诗歌内容

师:"老师非常想知道,在小朋友的眼里太阳是什么颜色的。在老师眼里,太阳有很多种颜色,但是我最想要的是彩色的:绿色的、黄色的、红色的,小朋友知道为什么吗? 因为呀,一年有四季,春、夏、秋、冬(出示图片),如果真的有四个太阳让你选,你会给每个季节选哪一种颜色的太阳呢?"

幼儿相互交流自己的意见,然后请个别幼儿说说自己的想法。

3.学习欣赏诗歌《我想要的太阳》

师:"老师先告诉小朋友,我想要的太阳。"

(1)幼儿倾听教师有感情地朗读诗歌。

(2)引导幼儿理解:诗歌中一共有哪几种颜色的太阳? 每种颜色都送给了谁? 会带来什么好处?

(3)播放诗歌《我想要的太阳》,幼儿尝试跟读,可反复。

4.幼儿仿编表述——我想要的太阳

师:"小朋友,你有想要的太阳吗? 你想要一个什么颜色的太阳? 你会送给谁? 它会带来什么? 想一想,分享给我们大家,好吗?"

(1)教师用范例来引导幼儿用诗的格式来仿编。

示例:

我想要一个蓝色的太阳,我把它送给天空,它会让天空更洁净。

我想要一个明亮的太阳,我把它送给黑夜,它会照亮人们回家的路。

我想要一个橙色的太阳,我把它送给南极,它会让企鹅宝宝不再怕冷。

我想要一个蛋糕颜色的太阳,我把它送给离开妈妈的孩子,它会让小朋友感受到温暖。

(2)幼儿自由交流想要的太阳,教师引导幼儿用诗的格式进行仿编。

(3)请个别幼儿在集体面前表述,教师引导幼儿大胆地说清楚自己仿编的内容。

活动延伸

请幼儿把自己创编的内容用绘画的方式表现出来,展示给小朋友。

活动资料

我想要一个彩色的太阳送给春天,它会给大地带来万紫千红;

我想要一个绿色的太阳送给夏天,它会给火热的空气带来清凉;

我想要一个黄色的太阳送给秋天,它会给人们送来丰收的果实;

我想要一个红色的太阳送给冬天,它会温暖小朋友的手和脸;

我还想要许许多多的太阳,去送给需要它们的人……

教师在设计和指导具体的语言活动时,要充分考虑各类型活动的特点,准确而恰当地采用合适的活动结构,合理搭配活动中的几个步骤,有机地将教育内容和教育方法组合起来。

 **本章习题**

一、名词解释

　　1.幼儿园语言教育活动　　2.幼儿园讲述活动　　3.幼儿园谈话活动

　　4.幼儿园听说游戏　　　　5.幼儿园早期阅读

二、简答题

　　1.幼儿园语言教育的含义?

　　2.简述幼儿语言教育对幼儿发展的作用。

　　3.幼儿园语言教育的类型有哪些?各有何特点?

　　4.谈话活动的组织有哪几个步骤?

　　5.讲述活动的组织有哪几个步骤?

　　6.文学活动主要包括哪几个层次的活动?

　　7.早期阅读活动有何特点?如何指导幼儿早期阅读?

三、案例评析题

　　浏览下面幼儿园语言教育活动方案,分析其设计是否合理,并说明理由。

大班故事教学:城市老鼠和乡村老鼠

【活动目标】

　　(1)引导幼儿理解作品故事情节,说出人物形象的特点。

　　(2)了解城市和农村的不同生活方式,感受城市、乡村各具特色的美景和生活。

　　(3)开动脑筋续编故事,培养幼儿大胆想象创造的能力。

【活动准备】

　　(1)城市与乡村的图片,活动教具:城市老鼠和乡村老鼠各一只。

　　(2)故事《城市老鼠和乡村老鼠》,动画片《乡村老鼠进城》。

【活动过程】

　　1.创设情境,出示故事主角,引起幼儿兴趣

　　出示指偶,谈话:今天有两个朋友来到我们班做客,一个是住在城里的老鼠,一个是住在乡下的老鼠。它们是一对好朋友。今天,它们要请我们到它们住的城市和乡村去看看呢!

　　2.初步理解故事的内容

　　(1)教师讲述故事,注意运用不同语调、语速,表现出故事中人物的性格特征和空间的反差。

　　(2)讨论:你听了这个故事有什么想说的?有什么想问的?城里老鼠和乡下老鼠生活有什么区别?城里老鼠和乡下老鼠的爱好一样吗?为什么它们不喜欢在别的地方生活呢?再听一遍故事。

3.深入理解故事内容

(1)边出示图片,边再次讲述故事。

(2)提问:乡下老鼠邀请城里老鼠来做客,是怎么招待城里老鼠的? 城里老鼠邀请乡下老鼠到城里去做客,在那里发生了什么事?

鼓励幼儿用动作表情学一学——开始时城里老鼠的表情和后来城里老鼠的表情,加深对故事的理解。

(3)讨论:乡下老鼠为什么走了?

为什么它们不喜欢在别的地方生活呢? 请你跟身边的同伴讨论一下。

(4)讨论:为什么城市老鼠和乡村老鼠都想回到自己原来生活的地方?

(5)提问:你喜欢城市的生活还是乡村的生活? 为什么?

4.鼓励幼儿大胆进行想象和创造,创编故事内容

(1)假设故事里的城里老鼠与乡下老鼠再次相逢,而此时它们彼此发现乡村与城市又发生了许多变化。你们觉得它们之间又会发生什么故事呢?

(2)请个别幼儿来创编讲述,教师肯定幼儿的想法,鼓励其他孩子想出不同的情节。

四、设计题

1.设计一次早期阅读活动的计划。

2.设计一次故事教学活动的计划。

3.设计一次讲述活动的计划。

4.设计并组织中班谈话活动——"各种各样的伞"。

5.设计一次听说游戏活动的计划。

第四章

幼儿园社会教育活动
设计与指导

 第一节　幼儿园社会教育概述

一、幼儿社会教育的含义

幼儿社会教育是指以发展幼儿的情感——社会性为目标，以促进幼儿的自我意识、增进幼儿的社会认知、激发幼儿的社会情感、引导幼儿的社会行为、提高幼儿的社会适应能力、培养幼儿良好的道德品质为主要内容的教育。

幼儿社会教育以情感——社会性为发展目标。所谓社会性是指幼儿在其生物特征基础上，在与社会生活环境的相互作用中，掌握社会规范，形成社会技能，学习社会角色，获得社会性需要、态度、价值，发展社会行为，在由自然人发展为社会人的社会化过程中所形成的幼儿心理特征。幼儿社会性发展是通过社会化过程来实现的，社会化是幼儿社会性形成发展的过程，幼儿社会性是社会化的内容与结果。

幼儿社会教育是幼儿全面发展的重要组成部分，是由自我意识、社会认知、社会情感、社会行为技能、社会适应和道德品质等几方面构成的有机整体。

自我意识是指幼儿对自我以及自我与周围关系的意识。其包括自我认识（自我概念、自我形象、自我评价、独立性等）、自我情感体验（自尊心、自信心、自我价值感、成就感、进取心等）、自我控制（自制力、自觉性、坚持性、自我延迟满足等）三个方面。自我意识是社会认知的前提和基础，是幼儿社会性发展的最初萌芽和体现。

社会认知是指幼儿对自我与社会中的人、社会环境、社会规范等方面的认知。包括对他人的认识（如，对同伴意见和对成人要求的理解和采纳），对社会环境和现象的认知（家庭、幼儿园、社区机构、国家及民族、重大社会事件等），对性别角色、行为方式的认知和对社会规范的认知（文明礼貌、生活卫生习惯、公共规则、集体规则、交往规则等）。社会认知是社会情感形成、发展的基础，培养正确的社会认知能促进幼儿良好社会情感的产生和发展。

社会情感是指幼儿在社会生活、交往中的情感体验。包括积极情绪、情绪的表达与控制、依恋感、愉快感、羞愧感、同情心、责任感等。良好的社会情感是社会行为养成的重要前提和基础，对幼儿尽快适应社会生活环境，形成良好的道德品质起着至关重要的作用。

社会行为技能是指幼儿在与人交往，参加社会活动时表现出来的行为技能。包括：交往技能，倾听技能，非言语交往技能，辨别和表达自己情感技能，合作、交流、轮流、遵守规则、解决冲突等技能。社会行为技能是自我意识、社会认知、社会情感的外在表现，同时反过来促进幼儿自我意识、社会认知的发展和社会情感的培养。

社会适应是指幼儿能够逐渐学会接受新环境,适应矛盾冲突情境的能力。包括:初步形成对新环境的适应能力,对陌生人的适应能力,对同伴交往的适应能力,独立地克服困难、解决简单问题的能力,学会做事,学会生活,学会与人相处等。社会适应能力的发展是以社会行为技能的学习为基础的,反过来,社会适应能力的高低又直接影响幼儿社会行为技能的学习效果。

道德品质是指社会道德现象在幼儿身上的反映。包括:关心他人、乐群、合作、谦让、分享、诚实、助人、有奉献精神、勇敢、讲礼貌、守纪律、爱护环境以及爱亲人、爱集体、爱家乡和爱祖国等良好的品质、行为习惯和道德情感。道德品质的形成是幼儿社会化程度的最高表现,是幼儿社会教育中很重要的一项内容和目标。

二、社会教育对幼儿发展的重要作用

(一)有利于加快幼儿社会化进程

幼儿社会教育是以发展幼儿情感——社会性为目标的。目标的达成必须通过幼儿的社会化过程,即让幼儿从"自然人"向"社会人"的转化过程。幼儿社会教育就是要将社会文化知识、社会规范、社会技能以幼儿能接受的方式传授给幼儿,使幼儿将其内化为自身的心理特性,不断促进幼儿社会化的速度和程度。把握好幼儿期这个人生社会性形成和发展的关键期,可以为幼儿将来成为社会优秀成员迅速做好准备。如:在了解"航天英雄"的社会教育活动中,激起幼儿对航天英雄的敬仰,萌发要适应现代社会科技需要的发展意识。

(二)有利于激发幼儿发展的内在动力

幼儿社会教育是为幼儿创设宽松自由的环境,从幼儿兴趣和需要出发,引导幼儿主动参与、自主选择、充分表现、自觉认识、体验和练习的活动。由此,幼儿会逐步产生主体意识,将社会规范逐渐内化为幼儿自身的需要,使幼儿从他律走向自律。比如,在"小草喜欢谁"的教育活动中,老师组织幼儿观察幼儿园附近的绿地,让幼儿感受小草给绿地带来的美丽,并通过形象化的构图讲述《小草喜欢谁》,使幼儿受到较深刻的爱护小草、保护环境的教育,激发幼儿的环保意识。这种意识进而影响到幼儿以后的户外活动,爱护小草、保护环境将成为幼儿自觉的社会行为习惯。

(三)有利于提高幼儿自我发展的能力

幼儿社会教育的关键是培养幼儿具有适应社会的各种行为技能和能力。在社会教育活动中,幼儿通过观察、模仿、练习等不断调整自己的行为策略,做出适当的行为反应,进而熟练为技能,内化为能力。这样幼儿的交往技能、解决冲突的技能、移情能力、学习能力等都会得到发展,从而使自我发展的能力得到培养和提高。如:幼儿每天入园和离园时所受的礼仪教育,可帮助其学习与成人、同伴交往的技能,这种技能的形成有利于幼儿更广泛、更主动的社会交往能力的发展。

(四)有利于促进幼儿的全面发展

幼儿社会教育是为幼儿五大领域课程之一的社会领域课程而实施的教育活动。幼儿园五大领域课程是一个相互联系、相互促进的统一整体,因而幼儿社会教育对幼儿的全面发展具有重要意义。

1.促进幼儿健全人格的发展

幼儿社会教育是教幼儿如何做人的教育,是引导幼儿具有良好的个性品质和人格特征的教育过程。幼儿在社会教育活动中认识自己、认识环境,了解人际关系,学会克制自己的情绪,禁止过分情绪化,排除攻击性,懂得与人合作,建立良好的人际关系,养成文明生活习惯,努力学习自己本民族的文化,分辨并欣赏别人的文化等。这些内容及相关的教育必然有利于幼儿形成健全的人格,有利于幼儿成为心理健康、活泼开朗的个体。

2.促进幼儿身体健康发展

幼儿期是人生身体生长发育最为迅速的时期。幼儿身体的健康发展不仅与物质因素有关,也与精神因素紧密相连。如,幼儿由于不适应新的环境,心情紧张而导致呕吐、腹泻、发烧的现象时有出现。长期神经紧张还可导致生长发育迟缓。因此,在幼儿社会教育活动中,幼儿学会交往、学会生活、学会合作等社会适应能力,能使幼儿感到人际关系的和谐、环境的和谐,感到开心和愉快。这种开心与愉快能使他的内分泌系统处于平衡状态,全身的各种腺体正常工作,免疫力增强,有利于幼儿身体健康发展。

3.促进幼儿心智的发展

社会性发展得比较好的幼儿,更容易与老师、同伴相处得关系融洽,有更多的机会与老师、同伴交往,从他们那里得到信息,扩大自己的眼界;而且他们往往心态积极,情绪稳定,自信心强,比其他幼儿表现得更有毅力,他们能最大限度地发挥自己的能力。可见,幼儿良好的社会性发展可以使他们心智能力得到充分的发挥和发展。

三、幼儿社会学习的特点

幼儿社会
学习的特点

(一)随机性和无意性

社会学习涉及社会的方方面面,幼儿社会学习无处不有,无时不在,他们随时都在模仿成人及同伴的行为、举止、态度等。这就是说,幼儿社会学习必然具有随机性和无意性,根据这一特点,教育要注意为幼儿提供值得模仿的生活环境,在各种活动中不失时机地对幼儿进行有意的引导。

(二)长期性和反复性

幼儿处在人生的初级阶段,其身心发展尚不成熟,各种行为还不稳定。因此,幼儿的社会性情感与行为需要在活动和交往中反复地体验与练习而形成,具有长期性和反复性的特点。从这一特点出发,在幼儿社会教育中,教师必须确立持久和耐心的教育态度,对幼儿进

行不懈的细心引导。

(三)情感驱动性

情感是幼儿与世界产生联系的主要纽带。幼儿总是因为信任和爱这个世界才愿意参加和学习世界中新奇的一切,因而他们的社会学习具有明显的情感驱动性。根据这一特点,在幼儿社会教育中,教师要注意营造良好的情感氛围。

(四)实践性

幼儿的思维是具体形象的,外在的社会道德规范、行为准则对幼儿来说是抽象的,幼儿只有在实践中通过亲身体验与操作才能获得真知。从这一特点出发,教师要为幼儿提供充分的实践学习机会,使社会学习中新传授的知识与态度逐步内化为幼儿自己的体验并成为幼儿习惯性的行为。

四、幼儿社会教育的总目标

幼儿社会教育的总目标是对幼儿社会教育目标的最概括的阐述。依据国家的教育方针与政策,未来社会对人才的需求及幼儿身心发展的规律,《纲要》明确提出了幼儿社会教育的总目标。

五、幼儿社会教育的年龄阶段目标

年龄阶段目标就是将幼儿社会教育总目标落实到幼儿具体的年龄阶段,是各个年龄阶段幼儿社会教育应达到的目标的具体表述。根据小、中、大班幼儿的年龄特点,由易到难、由具体到抽象,使幼儿的社会性得到科学全面的发展。

小 班

(1)初步了解自己身体主要部分的基本特征和功能,初步学会自我保护。

(2)知道自己是幼儿园的小朋友,初步培养独立性和最基本的自我控制力。

(3)逐步熟悉幼儿园的环境,认识幼儿园的同伴和成人,初步了解他们和自己的关系,初步适应幼儿园的生活。

(4)保持愉快的情绪,愿意与他人交往,积极参与集体生活。

(5)初步掌握日常生活中常用的礼貌用语,初步学会有礼貌地与他人交往,见了老师和长辈要问好。

(6)初步懂得最主要的交通安全常识。

(7)遵守最基本的学习活动规则,初步养成好的学习习惯。

(8)激发从事简单的自我服务性劳动的兴趣,初步了解父母和老师的劳动。

(9)懂得与同伴活动时,不争夺或独占玩具的道理。

中班

(1)初步了解自己与他人的异同。

(2)初步了解自己与他人的情绪,初步学习同情和关心他人。

(3)培养最基本的自我控制力,初步懂得不侵犯同伴的道理。

(4)初步了解周围主要的社会机构、社区设施,初步知道它们与人们生活的关系,引发最初步的爱家乡的情感。

(5)初步了解重大的节日,感受节日的快乐。

(6)初步激发与他人交往的愿望,在与同伴或成人交往时,学习使用准确的礼貌用语。

(7)初步学会与他人合作,初步学会分享与谦让。

(8)了解周围成人的劳动,学做一些力所能及的事,初步养成爱劳动、爱惜劳动成果的习惯。

(9)大胆表达自己的见解,初步学会克服困难,坚持有始有终地做一件事。

(10)初步学会评价自己与同伴,并勇于承认错误,改正缺点。

(11)初步养成诚实、守纪律等良好的品德行为。

(12)初步感知我国的民间艺术及传统文化精品。

大班

(1)初步了解自己的成长和成人为此付出的劳动,激发幼儿爱父母、爱老师及爱长辈的情感。

(2)初步学会控制自己的情绪和行为,初步学会在紧急情况下的应变方法。

(3)了解自己所在的幼儿园,初步懂得应为幼儿园做有益的事,培养初步的集体荣誉感和责任感。

(4)主动、准确地使用礼貌用语,以恰当的方式与他人交往。

(5)主动照顾、关心中班和小班的小朋友。

(6)了解周围的社会生活,初步了解各社会机构成员的劳动及其与人们生活的关系,引发尊敬、热爱劳动者的情感。

(7)初步了解我国的民族、我国的主要物产,激发爱祖国的情感。

(8)初步了解国与国的友好往来,引发爱好和平的情感。

(9)初步学会分辨是非,初步懂得向好的榜样学习,激发初步的爱憎感。

(10)能遵守各种行为规则,初步学会以规则要求对照自己或他人的行为,喜好从事力所能及的劳动,初步懂得爱惜劳动成果,爱惜公物。

(11)初步感知家乡的自然环境和人文景观,初步了解我国的主要的自然环境和人文景观,引发对民族文化的兴趣及保护自然、社会环境的初步意识。

(12)初步感知世界著名人文景观及优秀艺术精品,培养对世界文化的兴趣。

第二节 幼儿园社会教育的内容、途径和方法

 ## 一、幼儿园社会教育的内容

幼儿园社会教育的内容是以幼儿园社会教育的目标为先导和依据的,内容的选择是为目标的实现服务的,是实现社会教育目标的重要保证。根据幼儿园社会教育的目标,可把内容分为四个相互联系的方面,即人际关系、社会环境、社会行为规范和社会文化。

(一)人际关系

人际关系指幼儿在与周围环境中的人的交往过程中形成的相互关系。

1.自己

自己的姓名、性别及年龄;自己的身体特征;自己的兴趣、爱好;自己在家里及在幼儿园的不同活动;不说谎,不怕困难;遵守规则,说话算数。

2.同伴

同伴的姓名、性别及年龄;同伴的外貌特征;同伴的爱好;同伴的优点和缺点;与同伴愉快地从事共同的活动;与同伴友好地讨论和商量事情;同伴间轮流游戏、阅读、玩玩具;同伴间分享食品、玩具、图书及高兴的事;关心有困难的同伴或比自己小的同伴;能用礼貌的语言与同伴交谈,注意倾听同伴的讲话;与同伴产生矛盾和冲突时会讲道理,会寻找解决问题的办法;同伴之间相互学习、相互帮助;会帮助同伴改正缺点。

3.集体

自己所在的小组、班级及幼儿园的名称;小组成员的姓名、性别及年龄;小组长及值日生的姓名及职责;小组经常进行的集体活动;自己小组的优点和不足;班级的环境特点;幼儿园的环境特点;幼儿园其他班级的名称;幼儿园里工作人员的称呼以及他(她)们的活动。

(二)社会环境

社会环境指幼儿生活中经常接触的一些社会组织形态、社会机构和其中的社会角色。

1.家庭

家庭的住址、电话;有关自我安全保护的知识;家里主要的生活用品、娱乐工具和学习用品;家庭成员与自己、邻里的关系。

2.幼儿园

幼儿园的名称、地址;幼儿园的环境和设施;集体活动的基本规范;自己的班级和小组,幼儿园的工作人员及其与自己的关系。

3.社区

社会主要机构(如,银行、商店、邮局、政府部门、消防站、体育馆、文化站、图书馆、农贸市场、学校、敬老院等)的名称、工作人员、主要活动及其与人们生活的关系;社区的交通设施,包括码头、桥梁、车站等。

4.行政区划

所在省(市)、区(县)、街道(乡、镇)、小区(村)的名称,家庭和幼儿园的门牌号。

5.祖国

国名、国旗、国歌、国徽、首都;我国的人种特征;我国的民族,如汉族、藏族、蒙古族、维吾尔族、回族、满族等;一些主要的风景名胜,如长江、黄河、黄山、长城、故宫、兵马俑等;一些主要的特产,如茶叶、文房四宝等;中国人民解放军海、陆、空三军等。

6.重大社会事件

知道一些重大的社会事件及其影响,如抗洪救灾、大型运动会等。

(三)社会行为规范

社会行为规范指幼儿在社会生活和社会交往中需要了解和掌握的各种行为准则。

1.公共规则

公共惜物规则,如爱护公共财物,节约粮食和水电,保护植物、动物及环境等;公共卫生规则,如不随地乱扔杂物、不随地吐痰等;公共交通规则,如走人行道、看红绿灯等。

2.集体规则

集体活动的一般规则,如服从集体意见、遵守集体指令、愿为集体服务等;学校活动规则,如保持安静、不影响他人、会同他人合作、勇于发表意见、注意倾听他人的意见等。

3.交往规则

使用礼貌用语;对老师、长辈行鞠躬礼;礼貌待客,礼貌做客;注意倾听他人说话,不无故打断他人说话,会合作和谦让。

4.基本道德准则

知道别人的和集体的东西不能占为己有;能分清是非;诚实、守信;能改正自己的缺点和错误等。

(四)社会文化

社会文化指幼儿需要了解的人类在社会历史发展过程中所创造的物质财富和精神财富。

(1)社区人文景观。所在社区著名人文景观的名称、特征及有关的故事、传说。

(2)重大的节日。如元旦、春节、元宵节、劳动节、儿童节、端午节、教师节、中秋节、国庆节等,知道它们的名称、时间、意义及庆祝方式。

（3）民间艺术，包括本地的一些主要工艺品，它们的名称、用材及简单的制作方法；本地主要的地方剧种及其韵调；一些健康有益的民间歌谣、故事等。

（4）文化精品，包括本民族的文字，中国书法；我国的 1～2 个主要剧种；有关中国民乐、国画等方面的最基础知识。

（5）世界文化，包括世界主要著名文化圣地，如金字塔、凡尔赛宫等；世界上流传最广的乐器，如钢琴、小提琴等；世界上流传最广的艺术形式，如油画、雕塑等；世界有名的儿童文学作品，如《格林童话》等。

二、幼儿园社会教育的途径

幼儿社会教育目标的达成，社会教育内容的实施，必须选择适宜的教育途径作用于幼儿。在社会教育活动的组织中，我们对幼儿进行社会教育的途径是多方面的。可以归纳为专门性教育活动、渗透性教育活动、契机性教育活动和游戏活动。这几方面的教育各有特色，各有所长，而且互相联系，互相补充，共同为幼儿的情感社会性发展提供帮助。

（一）专门性教育活动

专门性教育活动是指幼儿园教师根据教育目的和教育计划，根据本班幼儿特点，选择合适的教育内容，采取合理的教育方式方法对幼儿进行社会教育的形式。专门性教育活动具有较明确的目标和计划性，内容较系统和集中，教师对幼儿的组织和指导作用更直接、更明显也更具有针对性。

在组织专门性社会教育活动中，应注意以下三点。

（1）注意给幼儿创设宽松自由的学习空间；

（2）围绕教育目标，注意综合运用多种活动形式，让幼儿在有趣的表演、自由的谈话、直观的鉴赏、热烈的讨论等丰富多彩的活动中提高参与学习的积极性；

（3）注意避免生硬的、抽象的说教和无关紧要的做法。

（二）渗透性教育活动

渗透性教育活动是指社会教育渗透在其他领域的活动中和幼儿生活的各个环节。渗透性教育活动有利于发挥幼儿园课程的一体功能，使幼儿园各课程相互结合、互补互利。

（1）一日生活中的渗透教育。幼儿一日生活中蕴含着许多社会教育因素，例如离园、进餐、如厕、做操、值日、娱乐、游戏等活动都是渗透社会教育的机会。如，幼儿进餐的时候，可渗透爱惜粮食及饮食文化的教育。

（2）其他领域活动中的渗透教育。幼儿园科学领域、语言领域、健康领域及艺术领域的教育活动中都蕴含着社会教育契机，教师应该充分利用。例如，在《金鸡冠的公鸡》故事教学中，我们可以渗透不要轻易相信坏人的花言巧语以免上当的社会教育。

（三）契机性教育活动

契机性教育活动是指教师顺应幼儿的生活实际，捕捉最好的教育契机的社会教育活动。

例如,某地区发生地震,教师可引导幼儿对地震灾区情况进行了解,激发幼儿的爱心,为灾区人民做力所能及的事。平时幼儿园突发各种矛盾时,教师可以引导幼儿恰当处理,学习良好的社会行为和交往技能。

契机性教育活动有利于我们跳出计划教育的框子,紧密结合幼儿的实际,抓住最佳教育机会,在真实的教育环境中,更容易引起幼儿的共鸣而收到较高的教育效果。

在组织契机性教育活动时,应注意:

(1)及时发现,及时指导;

(2)提高教育技能和教育机智,进行有针对性的引导;

(3)充分体现幼儿参与的主体性,让幼儿在自觉的活动中获得教育。

(四)游戏活动

游戏是幼儿最喜爱的活动,是幼儿认识社会、参与社会生活的独特方式。游戏不仅可以满足幼儿参加成人生活的愿望,而且对于他们的社会认知、人际交流、社会行为等有其他教育形式不可替代的作用。如游戏中的角色扮演是幼儿学习社会角色、掌握社会行为规范的最好实践机会。幼儿通过参加娃娃家、医院、超市等游戏,将已有的生活经验在游戏中加以实践,并进一步感受、体验、理解、调整,在游戏中幼儿自觉接受规则的约束,理解规则的公正与互惠,学会用规则裁判行为,用规则协调关系,帮助幼儿摆脱自我中心,促进幼儿社会性的发展。

三、幼儿园社会教育的方法

教育方法是为完成教育任务而对幼儿施加教育影响所采取的措施和手段。在幼儿社会教育中,只有选择恰当的教育方法,才能使幼儿社会教育活动顺利开展,才能实现幼儿社会教育活动的目标,取得良好的教育效果。由于幼儿社会教育内容的广泛性,教育过程又是一个多种因素影响的发展过程,因而幼儿社会教育的方法具有自身的特殊性和多样性的特点。

(一)幼儿园社会教育的一般方法

所谓幼儿园社会教育的一般方法是指适用于幼儿园所有教育领域的教育方法。幼儿社会教育中常用的一般方法主要有以下几种。

1.讲解法

讲解法是教师用口头语言对社会教育内容进行系统和生动的解释,使幼儿系统地理解社会教育的内容和意义,掌握正确的行为准则和方法,便于指导其行为的教育方法。

在幼儿社会教育中应用讲解法需要注意:

(1)讲解的实用性。教师应尽量避免啰唆,讲解的对象不应该是那些幼儿还不了解的、无法实践或体验的、难以理解的内容。

(2)讲解的直观性。由于幼儿思维的具体形象性,对一些观念性的、概括性的内容很难理解,所以在幼儿的社会教育中,讲解应当具体、直观、形象,简单明了地对他们进行讲解,将

抽象的观念具体化,以利于幼儿理解和接受。

(3)讲解的趣味性。由于幼儿无意注意占主导地位,难以倾听枯燥无味的讲解,因此,在幼儿社会教育中,讲解应清晰、简练、准确、明白易懂;要生动有趣,有感染力;语速要适中,音量要适宜,声音要抑扬顿挫;要富有角色的变化等。

2.谈话法

谈话法是在幼儿社会教育中,师生通过对话的方式对幼儿进行社会教育的方法。

在幼儿社会教育中,运用谈话法应注意:

(1)教师应选择幼儿社会教育中的重点核心内容组织谈话活动;

(2)谈话的话题应该是幼儿知识经验范围内的;

(3)谈话中,提出的问题应具体、明确、难易适度,引导大多数幼儿进入思考状态,能在积极的思考后参与谈话;

(4)交谈中,要注意调动全体幼儿参与的积极性,不仅应注意举手要求回答问题的幼儿,更要注意那些没有举手的幼儿,根据实际情况采取对策,及时将他们引导到谈话中去;

(5)要为幼儿提供充分的思考和发言的时间,耐心倾听幼儿的谈话内容,对他们表达的看法给予积极的鼓励和关注;

(6)谈话要与讲解相结合,注意用准确的语言进行每一段交谈的小结和最后的总结。

3.讨论法

讨论法是在幼儿社会教育中,幼儿在教师指导下就社会性问题、现象相互启发,交换看法获取知识的教育方法。

在幼儿社会教育中,运用讨论法应注意:

(1)讨论的主题要贴近幼儿的生活实际。

(2)要充分考虑班级幼儿的口语表达能力和知识经验的准备情况。

(3)要创设师生平等宽松的讨论气氛,充分体现师生互动的讨论过程。

(4)注意结合讲解法,对每次讨论进行小结,可以明确讨论问题的结论;也可以不做结论,留个悬念,让幼儿继续去探讨。

4.观察演示法

观察演示法是在幼儿社会教育中,教师通过演示实物、图片、直观教具、录像等可以被幼儿感知的材料,使幼儿通过观察获得相应的社会知识、社会情感及社会行为的教育方法。

在幼儿社会教育中运用观察演示法应注意:

(1)要根据幼儿社会教育的实际需要,有目的、有针对性地运用观察演示法;

(2)观察演示前,要做好充分的物质和心理准备,使每个幼儿都能观察到演示对象,并能理解到演示内容的意义;

(3)教具出示的时间和演示的运用要适当,避免幼儿注意力分散,充分发挥演示对于幼儿观察学习的作用。

5.参观法

参观法是幼儿在社会教育过程中,教师根据一定的社会教育目标组织幼儿到幼儿园外观察社会现象,让幼儿在对实际事物或现象的观察、思考中获得新的社会认知和社会规范的教育方法。

在幼儿社会教育中,运用参观法应注意:

(1)做好参观前的准备工作。

① 制订出符合社会教育要求和幼儿实际的参观计划;② 到参观场所和工作人员做好联系察看工作;③ 让幼儿了解有关知识,明确活动要求。

(2)做好参观中的现场指导。

① 引导幼儿参观主要对象;② 围绕参观内容,唤起幼儿已有的知识经验或提示幼儿需要了解的问题,引导幼儿全面、细致地观察和思考。

(3)做好参观全过程的幼儿安全组织工作。

(4)做好参观后的总结工作。

① 通过谈话活动,使参观获得的社会知识更系统、更有条理;② 通过游戏或美工活动,使参观学习的内容得以巩固。

6.行为练习法

行为练习法是教师在幼儿社会教育中,组织幼儿按正确的社会行为规范自己,通过参加各种活动和交往受到实际锻炼,以形成幼儿良好的社会行为习惯的方法。

在幼儿社会教育中,运用行为练习法应注意:

(1)明确行为练习的目的要求,做好周密的计划和严密的组织工作;

(2)让幼儿真正成为行为练习的主人,体验行为练习的快乐;

(3)行为练习要循序渐进,要反复进行,以达到形成各种良好习惯的效果;

(4)运用各种适合幼儿特点的练习方法,激发幼儿练习的兴趣,提高练习的效率和质量。

7.强化评价法

强化评价法就是在幼儿社会教育中,利用他人对幼儿行为的评价,强化幼儿的积极行为,抵制幼儿的消极行为直至最后消退的一种教育方法。

强化评价法可以分为两种:一种是肯定性评价,如:表扬、鼓励、奖励等;另一种是否定性评价,如:警告、规劝、批评等。

在幼儿社会教育中,运用强化评价法应注意:

(1)实施肯定性评价应注意:① 精神奖励为主,物质奖励为辅;② 注意强化内容和形式的多样化;③ 评价注意个别差异;④ 评价注意适量性,避免消极影响。

(2)实施否定性评价应注意:① 要适时适当;② 批评时对事不对人;③ 批评与表扬相结合;④ 禁止恐吓、辱骂和体罚。

第三节　幼儿园社会教育活动指导要点与设计

一、幼儿园社会教育指导要点

《纲要》中社会教育的指导要点如下：

（1）社会领域的教育具有潜移默化的特点。幼儿社会态度和社会情感的培养尤其应渗透在多种活动和一日生活的各个环节之中，要创设一个能使幼儿感受到接纳、关爱和支持的良好环境，避免单一呆板的言语说教。

（2）幼儿与成人、同伴之间的共同生活、交往、探索、游戏等，是其社会学习的重要途径。应为幼儿提供人际相互交往和共同活动的机会和条件，并加以指导。

（3）社会学习是一个漫长的积累过程，需要幼儿园、家庭和社会密切合作，协调一致，共同促进幼儿良好社会性品质的形成。

二、幼儿园社会教育活动的设计

幼儿园社会教育活动设计的一般步骤，包括活动目标的制定、活动内容的选择和活动过程的策划三个部分。

（一）活动目标的制定

1.活动目标制定的依据

（1）社会的要求。

要把未来的一代塑造成什么样的人，是幼儿园社会教育应担负的责任。所以，幼儿园社会教育目标要反映社会的要求和愿望，并关注社会的变化，关注社会的未来和世界的未来。如"对话""沟通""融合"已成为当今世界政治格局的新态势；全球科技革命使人们的生活日新月异；人们之间的物理距离相对缩小，不同国家、不同民族间的相互依赖性、制约性正在加强，人类的命运日益受到一些共同因素的制约，"地球村""地球公民"等名词反映了人类相互联系、相互依存日益加强。社会的发展突出了学会"合作"与"分享"的重要性。这些社会的变化，势必要求幼儿园社会教育做出调整（有的可能是低层目标的调整，有的可能是总目标的调整），帮助人类的下一代了解这个世界、关注这个世界，进而理解这个世界。

（2）幼儿的发展。

幼儿的发展是幼儿教育的前提和基础。幼儿社会教育必须注重幼儿社会性的发展，一般要考虑幼儿社会认知、社会情感、社会行为技能等几个方面。虽然，社会化是一个长期的、

连续不断的过程,但幼儿期是人生社会化的起始阶段。因此,幼儿社会性的发展,尤其是社会情感的发展,是确定幼儿社会教育目标的重要依据。

（3）学科本身。

幼儿社会教育涉及的学科众多,如历史学、社会学、地理学、人类学、经济学等。每一个学科中的基本目标或启蒙性目标,都将在一定程度上影响幼儿社会教育目标的选择和确定。如,社会学中关于了解和理解一定的社会角色、参与社会交往等目标,都将以最基本、最启蒙的形式影响幼儿社会教育目标的确定。又如,人类学中关于不同的民族有不同的文化,应理解其民族文化自身的合理性,并学会尊重他人的文化等目标,也会以最基本、最启蒙的形式体现在幼儿社会教育的目标体系中。

总之,幼儿园社会教育活动目标制定的三大依据,必须互相融合,共同促进幼儿发展成为一个"整体的人"。

2.活动目标的表述

在目标表述时,根据具体的活动要有所侧重。有的目标是显性的,有的目标是潜在的、隐性的。表述时,应做到简洁、明了、可操作。例如,中班活动"我们的国旗"目标的设计,可依据总目标中"激发幼儿爱家乡、爱祖国、爱劳动的情感……",以及分类目标中"引导幼儿感知我国的国名、国旗、国歌、国徽……激发幼儿初步爱祖国的情感",初步制订为"让幼儿知道我国的国旗是五星红旗,培养幼儿初步的尊重国旗、热爱祖国的情感"。这里主要表述为社会认知和社会情感的目的,社会行为的目标是潜在的,即通过类似主题的活动,让幼儿在生活中能做到尊重国旗,升旗时要立正、不讲话,向国旗行注目礼等。这个活动的目标就是幼儿能掌握有关的社会认知,从而激发其初步的社会情感。

(二)活动内容的选择

选择和组织幼儿园社会教育内容,应遵循以下原则。

活动内容的选择

1.从幼儿的生活经验出发,由近及远的原则

由近及远的原则的主要含义,是指幼儿园社会教育的内容,首先应从幼儿园生活周围的知识开始,选取贴近幼儿生活经验、易于被幼儿理解的内容,挖掘其教育价值;再逐步向四周延伸和扩展,以保证幼儿的社会学习有相应的经验支持。这一原则主要运用于幼儿社会环境方面的认知学习,如自己→家庭→幼儿园→社区(城市、农村)→祖国→世界。选择与组织这样的教育内容,就体现了这一原则,符合幼儿的学习特点,能起到教育效果最大化的作用。当然,由近及远的内容的广度与深度,应根据幼儿的现实水平加以灵活把握,尤其是当今信息化的社会,知识的远近显然已大大不同于以前。

2.由易至难,逐步深入的原则

由易至难,逐步深入的原则的主要含义,是指幼儿园社会教育的内容安排,应从比较简单容易的开始,逐步提高难度和要求,幼儿学习起来较为困难的一些内容应该安排在最后。如了解与自己有关的家庭成员间的关系,大致遵循这样一个顺序:父母→祖父母、外祖父母

→其他亲属及其他伦理关系。

3.关联与系统的原则

关联与系统的原则的主要含义,是指不同部分、不同层次的社会教育内容之间,应该相互联系,使教育内容形成一个有机的系统,以提高教育的成效。社会教育的内容涉及面很广,与众多的学科相关,又覆盖广泛的时间和空间。这一特点决定了社会教育内容的整合和系统化。只有通过整合和系统化,才有可能使这些来自不同学科的知识成为一个有机的整体,才能使这些知识之间产生多种联系,才能使它们对幼儿产生一致的、整体的影响。

4.渗透性原则

社会教育是做人的教育。因此,凡是有利于达到增进幼儿社会认知、培养其社会情感,促使其社会行为技能发展目标的,均可以被看作社会教育的内容。正是从这个角度出发,我们认为,幼儿社会教育的内容应渗透在幼儿日常的生活和活动之中,使幼儿在潜移默化中受到教育;渗透在各个领域的学习之中,互相结合,给幼儿的社会性发展以整体的影响。幼儿社会教育应做到:正规社会课程内容与非正规课程内容协调一致,显性的社会课程和潜在的社会课程内容协调一致。

(三)活动过程的策划

活动过程的策划一般包括开始部分、基本部分和结束部分。

1.开始部分

幼儿是否对活动感兴趣,是否能积极参与到活动中,都与活动如何开始有密切的关系。一般来说,活动的开始有这样的一些形式:

(1)设疑开始(猜一猜)。疑问可以由教师直接提出,也可以用谜语、儿歌的形式间接提出。

(2)图示开始(看一看)。教师可以利用彩图、标本实物、课件来导出活动。

(3)故事开始(听一听)。让幼儿听一段短小的故事,是社会教育常用的一种方法。

(4)情境表演(看一看)。创设一定的情景或利用情景来进行模拟表演,把幼儿带到教育活动中。

(5)游戏开始(玩一玩)。以游戏的形式开始,在游戏中渗透社会教育。

2.基本部分

基本部分是社会教育活动的核心部分,它承载着主要内容。这一部分必须体现教师如何引导幼儿积极主动参与到活动中来,并进行积极的感知、体验、表达和交流,使幼儿获得某种具体的社会认识、社会情感、行为习惯。教师可以通过演示、具体的提问等引导幼儿逐渐深入活动过程,深化思考,积极主动地获得知识经验,发展相应的能力。在活动的过程中,教师既要尊重幼儿学习与发展的主体地位,注意引导幼儿积极主动地参与到活动中来;又要通过调动幼儿的学习兴趣和已有经验,创设相应的环境,始终引导幼儿向教育目标要求的方向发展,始终把握教育过程的方向。

3.结束部分

教师可改变原先的活动方式,通过其他符号系统的参与(如,音乐、美术、身体动作等),让幼儿在轻松愉快的情绪中自然而然地结束活动。如要在结束部分对活动进行小结评价,应做到简洁、精练;对幼儿在活动中的表现以宽容积极的态度进行评价;对问题应留有一些思考的余地,使得活动能够有效地延伸,幼儿能够保留对活动的兴趣,体验到活动带来的快乐,以企盼的心情和态度等待下次活动的到来。

活动案例 4-1

中班社会活动(人际交往):"有朋友真好"

设计意图

如今的孩子自我意识比较强。自我意识强的孩子一般乐观向上、开朗活泼、富有进取心,对自己的能力充满信心,容易成功。但是如果引导得不正确,自我意识强的孩子也可能向极端发展,形成专横霸道、以自我为中心、天下独我、自高自大的性情。只有正确引导,才能促使孩子形成良好的行为个性,使其能对自己做出适当评价,调节自己的行为。以"有朋友真好"开展活动,有意识地培养幼儿良好的集体意识,促使幼儿积极地参与交往、学习交往,在交往中理解自己与集体、与他人的关系。

活动目标

(1)通过活动体验"朋友多"的乐趣,并乐意大胆地与他人交往。

(2)学习基本的交往技能,如待人和气、友好,相互帮助,不霸道,不欺负人等。

活动准备

《小鱼游》和《找个朋友》歌曲;事先请大班幼儿排练三段情景表演。

活动过程

1.朋友多,真好

(1)放《小鱼游》前奏,让幼儿回忆歌曲及表演动作。

(2)幼儿集体表演《小鱼游》,体验一个人的孤孤单单,感受朋友多的快乐。

2.看表演,说表演

(1)师:"小朋友们表演得真棒,我们休息一下,来看几个大班哥哥姐姐的表演。"

①搭积木时,争抢积木。

②喝水时,争抢着先喝。

③他人有困难时,不愿给予帮助。

(2)师:"提问:哥哥姐姐们表演的故事里讲了些什么事情?表演中的大哥哥为什么没有朋友?"

(3)讨论:朋友之间应该怎样呢?怎样才会有很多朋友?

(4)请幼儿总结一下交朋友的基本技能(待人和气、友好,相互帮助,不霸道等)。

3.我也来演一演

(1)师:"啊,现在我们都知道朋友之间应该怎样做了,那如果你是那位大哥哥,你会怎么做呢?请小朋友想一想,再勇敢地来表演一下吧!"

(2)通过表演,体验友好交往带来的快乐。

4.找个朋友,抱一抱

放歌曲《找个朋友》,幼儿集体边唱边表演,并与好朋友做抱一抱、亲一亲等亲昵的动作,再次感受有朋友且朋友多的快乐,并增进朋友之间的友谊。

🖐 活动延伸

想一想,找一找,除了人以外,我们还有哪些好朋友?

🖐 案例评析

这是一节结合了表演的社会活动,引用歌曲《小鱼游》的歌词内容,恰好和活动中"与朋友相处"的主题相关,"演一演""抱一抱"的活动形式都能让幼儿充分体验到有朋友和与朋友相处的乐趣。

▪️ 活动案例 4-2

<u>大班社会活动(社会环境):"我说天下事"</u>

🖐 设计意图

大班的幼儿对发生在自己周边的事物很感兴趣,他们也愿意去了解大人们经常谈论的一些热点新闻,在日常活动时,也会相互谈论"天宫二号发射成功""中国女排奥运夺冠"之类的话题。教师可及时把握这种教育契机,引导幼儿有意识地关注社会及周边事物。因此,我们想通过新闻这样一个切入口,来激发幼儿关注新闻,关心人、事、物,同时探索获得新闻的各种办法。

🖐 活动目标

(1)激发幼儿关注周围事物的兴趣和欲望。

(2)让幼儿了解获得信息的多种途径。

(3)发展幼儿完整、连贯的表述能力。

🖐 活动准备

(1)教师自制新闻录像(内容:小班正在进行"肥皂泡泡"的主题活动)。

(2)幼儿搜集一则自己感兴趣的新闻。

(3)爱心榜、爱心贴纸若干、彩笔、纸张等。

活动过程

1.我说天下事

(1)以谈论会的形式请幼儿自由发言,讲述自己采集到的新闻。

(2)教师帮助幼儿完整、清楚地讲述。

(3)教师小结:小朋友说的这些事都是最近发生的事,我们可以叫它们"新闻"。

2.了解新闻获得的途径

(1)请幼儿说一说自己是从哪里知道这些新闻的。

(2)教师记录和整理幼儿获得新闻的途径(爸爸妈妈说的、电视里看到的、自己看到的、报纸上写的等)。

(3)还有什么其他方法可以传递新闻(网络、手机短信等)?积极拓宽幼儿的视野。

3.分组制作新闻

(1)请幼儿观看教师自制的新闻录像:幼儿园里小一班的小朋友在和教师一起玩吹泡泡、抓泡泡的游戏,经采访了解,原来他们正在进行"肥皂泡泡"的主题活动。

(2)按照教师整理后的新闻获得方法,幼儿自由分组,将教师的录像制作成不同形式的新闻(文字记录、图片记录、影像记录)。

(3)三位教师各带一组幼儿进行新闻制作活动。

①文字新闻:教师记录幼儿的讲述。

②图片新闻:幼儿将录像上的主要内容用绘画形式表现出来。

③电视新闻:教师辅导幼儿做新闻播报员。

指导要点:

①要标明新闻的时间、地点、人物和事情。

②表达要确切(可以引起幼儿争论,在争论中解决问题)。

③形式要新颖,以引起别人的注意。

4.作品交流

各组派代表展示自己的制作成果,师生共同评判。

5.教师小结

如果我们能多注意身边的事,就能及时地了解更多的信息。今天我们只是记录了幼儿园里发生的一件事,我们想把这件事情告诉更多的人,小朋友们通过许多的方法,有文字、图片和影像的方式,报道了这件事。那还有什么其他方法可以传递消息呢?我们以后可以通过咨询家长、搜集资料等方式了解信息传播的途径。

活动延伸

(1)剪报区:幼儿可以将自己获得的新闻内容张贴出来。

(2)爱心榜:鼓励幼儿发现新闻、关心周边事物,并在其姓名栏贴上一个"爱心"标记。

案例评析

当今社会,信息传播迅速,幼儿每天接收到很多信息,但他们对发生在自己周边的事

物只具有初步的认识和反应,获得的信息也比较零散。如何帮助幼儿更好地获得信息,并从信息中得到发展,是教师要关注的问题。我们应及时地抓住幼儿的认知需求点,通过讲述、观看新闻录像、制作新闻报道等,帮助幼儿了解获得信息的途径。在活动中,表述事件是一个难点,因为幼儿一般在讲述某件事情的时候会含糊其辞,说不清事件中的中心内容。教师要通过录像、图片等辅助方式引导幼儿将事件内容清楚地表述出来。在延伸活动中,幼儿关注周围事物的积极性明显提高,剪报区有幼儿口述的、从报纸上裁剪的、打印的、自己和父母拍摄的各种新闻资料。整个活动,教师作为一个引导者,引导幼儿将获得的零散知识归纳整理,并激发幼儿关注社会的兴趣。在这个活动中,幼儿的语言、观察、思维等能力都能够得到很大的发展,同时也在一定程度上培养了其社会性。

活动案例 4-3

大班社会活动(社会文化):"认识姓名"

设计意图

姓氏是一个人的标志之一,同时也象征着血缘和衍生,更蕴含着中国几千年独特的文化内涵。大班幼儿的自我意识明显增强,从对自己的关注慢慢过渡到对自己社会角色的关注。幼儿对自我的认识处于从"主观自我"到"社会自我"的转化过程中。同时大班幼儿对书面语言有更浓厚的兴趣,他们不再满足于了解表面现象,而喜欢寻根问底。让幼儿了解中国传统的姓氏文化,有利于幼儿进一步认识自我,理解人的社会属性,树立正确的家庭观。

活动目标

(1)认识自己的姓氏,会正确认读姓氏,懂得区分姓和名。

(2)了解姓氏的由来以及一定的姓氏文化,知道姓氏与家庭的关系。

(3)激发探索姓氏文化的兴趣,培养热爱家庭的情感。

活动准备

(1)幼儿分成三组搜集有关姓氏的资料,教师帮助幼儿整理成图或其他书面形式,以备活动中交流:中国十大姓氏、中国姓氏数量统计、西方人和中国人姓氏的异同。

(2)幼儿对"百家姓"有一定的了解。

(3)姓名树及全班幼儿的姓名卡,"姓氏统计表"一张、剪刀、笔、"百家姓"VCD一张。

活动过程

1.区分姓和名

(1)出示姓名树(上面贴着全班幼儿的姓名卡),请幼儿找到自己的姓名卡。

(2)教师提问:"知道自己的名字是怎么来的吗?"引导幼儿区分名字中的姓和名,并正确认读自己的姓,说说自己是随父姓还是随母姓,自己的名字是谁取的,有什么含义。

(3)幼儿找到自己的姓名卡,并剪下。

2.班级姓氏统计

(1)出示"姓氏统计表",请幼儿将自己的姓贴在统计表上(同时,也将三位教师的姓贴在表上),相同的姓贴在一个格里。

(2)全班幼儿一起统计各个姓的数量。

3.小组展示与交流

各小组向大家展示自己搜集的资料,并做介绍:

(1)中国十大姓氏排列:张、王、李、赵、杨、陈、吴、刘、黄、周。

(2)中国姓氏数量统计:共有 5662 个姓,其中单姓 3484 个、复姓 2032 个、三字姓 146 个。(结合本班的姓氏,帮助幼儿理解以上各种姓)

(3)西方人和中国人姓氏的异同:如西方人的姓在名的后面等。

4.礼仪教育

(1)与幼儿讨论:要了解别人的姓时,应如何表达?

(2)知道怎样用姓氏称呼他人,如年龄大的人可以称呼:×爷爷、×奶奶;年轻的人可以称呼:×叔叔、×阿姨;根据职业可以称呼:×司机、×医生……

5.欣赏 VCD

师生一起欣赏"百家姓"图谱,并进行姓氏朗诵。

活动延伸

(1)发放亲子作业单:请家长与幼儿共同制作家族树:祖父母→父母→子女,分别贴上照片,写上姓名;统计出家族中有几个姓,并帮助幼儿理解姓氏的遗传关系(一般是随父姓)。家长与幼儿共同搜集资料,了解本姓的由来和本姓中(或家族中)的名人。

(2)在区域材料中投放"百家姓"图谱,请幼儿找出自己的姓氏,并写上自己的姓名,贴在相应的位置上。

案例评析

通过幼儿园、家庭的共同配合,我们对幼儿进行了初步的姓氏文化启蒙,使幼儿对自己的姓氏及与家庭的关系有了更进一步的了解,培养了幼儿探索姓氏文化的兴趣,帮助了幼儿理解自己的家庭角色,增强了幼儿的使命感和家庭责任感,也激发了幼儿对汉字文化的兴趣。

本章习题

一、名词解释

1.幼儿社会教育　　2.社会情感　　3.社会行为技能　　4.移情训练法

5.陶冶熏染法　　6.角色扮演法　　7.价值澄清法　　8.强化评价法

二、简答题

　　1.幼儿园社会教育对幼儿的发展有何重要作用？

　　2.概述幼儿园社会教育的总目标。

　　3.对幼儿常用的社会教育的特殊方法有哪些？请说明移情训练法和角色扮演法的运用要求。

　　4.谈谈幼儿园专门性社会教育活动的组织与指导要求。

三、案例评析题

　　1.某教师在设计"中班社会教育活动——找标志"时,确定了以下活动目标:(1)激发幼儿观察周围现实生活的兴趣;(2)使幼儿学会学习。请评析这一活动目标的设计是否合理,你觉得应该怎样设计会更好？

　　2.浏览下面幼儿园社会教育活动教案,尝试对该活动方案进行评析。

大班社会教育活动:谁负责

【活动目标】

　　(1)知道自己的事情该自己负责,学做对自己负责的人。

　　(2)初步懂得与同伴发生矛盾时,应该勇于承担自己该负的责任。

【活动准备】

　　(1)编排情境表演:"该谁负责。"

　　(2)图片一幅:兰兰和强强在跳跳床上发生争吵。

【活动过程】

　　(1)观看情境表演一,引导幼儿懂得自己的事情没做好时,不能责怪他人。

　　提问:①兰兰为什么哭闹？②兰兰这样做对吗？为什么？应该怎样做？

　　(2)观看情境表演二,引导幼儿学习苗苗勇于对自己的事情负责任的态度和行为。

　　提问:①奶奶送苗苗来到幼儿园时,她们发现了什么？②奶奶怎么说的？苗苗怎样回答奶奶的？她准备怎样做？苗苗做得对吗？我们应该向苗苗学习什么？

　　小结:小朋友,当你们自己的事情没有做好时,你一定不能责怪别人。要勇于对自己的事情承担责任。注意把自己的事情做好,做个对自己负责的好孩子。

　　(3)出示图片,引导幼儿看图讲述图中发生的事情,初步懂得朋友间发生矛盾时要勇于承担自己该负的责任。

　　①讲述图中内容:兰兰和强强一起玩跳跳床。两人相撞,兰兰说:"我先上来,谁叫你也来跳的！"强强说:"谁叫你乱蹦乱跳的！"

　　②谈话:兰兰和强强在跳跳床上发生了一件什么事？兰兰和强强说得对吗？③你认为兰兰和强强应该怎样说呢？

　　③引导幼儿表演兰兰和强强矛盾解决的情境:强强摸着兰兰的头说:"怪我不好,抢着上来跳。"兰兰说:"我不该乱跳！"两人相对笑了(可请几对幼儿上台表演,启发幼儿说的方法可以不一样)。

④讨论:在小朋友的生活中,你们还发生过哪些争吵? 你们应该怎样主动承担责任,解决好朋友间的争吵呢?

【活动延伸】

带回家的活动:要求家长提醒幼儿自己的事情自己做好,学习自己的事情自己负责。

四、设计题

1.请编制一个以"我的家乡"为主题的社会教育活动方案。

2.设计一个运用角色扮演法的幼儿社会教育活动方案。

3.设计一个以"懂得同伴间要友好交往"为主要目标的幼儿社会教育活动方案。

第五章

幼儿园科学教育活动设计与指导

 # 第一节　幼儿科学教育活动的概述

 ## 一、幼儿科学教育的概念

(一)什么是幼儿科学教育

幼儿科学教育是指幼儿在教师的指导(包括直接指导和间接指导)下,通过自身的活动,对周围物质世界进行感知、观察、操作、发现,以及提出问题、寻找答案的探索过程。

幼儿科学教育的内涵应包含以下几个方面。

(1)幼儿科学教育是有目的、有计划的教育过程,并不是幼儿随意自发的活动,应当在教师的组织和指导之下,以幼儿为主体,有目的、有计划地进行。

(2)幼儿科学教育是引导幼儿主动学习、主动探索的过程,没有幼儿积极主动地参与,教育目标是不可能达到的。

(3)幼儿科学教育是支持幼儿亲身经历探究过程、体验科学精神和探究解决问题策略的过程。

科学教育最重要的价值是使幼儿知道如何去获取知识,如何学习。幼儿科学教育应成为教师支持幼儿通过自己的探索获取知识、解决问题的过程。

(4)幼儿科学教育是使幼儿获得有关周围物质世界及其关系的感性认识和经验的过程。幼儿认识事物的特点决定了幼儿科学教育不应要求幼儿掌握严格的科学概念,而应引导、支持幼儿通过自身与周围物质世界的相互作用,获得真正内化的经验。

(二)幼儿科学教育的特性

幼儿科学教育活动具有以下特性。

1.教育内容的生活化、生成性

教育内容生活化是引发幼儿主动学习和探究的重要前提与条件。贴近幼儿生活的教育内容不仅为幼儿获得科学知识、经验提供了前提和可能,而且,只有幼儿真正体验到学习内容对自己当前的意义,是自己当前想要知道的东西和想要解决的问题,他才能积极主动地去学习和探究,才能发现和感受到周围世界的神奇,体验和领悟到科学就在身边,才能保持永久强烈的好奇心和探究欲望。如洗手时,会发现洗手液放在水里不见了,变成了泡沫;吹气球时,会发现气球慢慢变大……

兴趣是引导幼儿主动学习的关键。教师应当开发和利用幼儿感兴趣的事物和想要探究

的问题,扩展成为幼儿科学教育的内容,生成科学教育活动,使幼儿科学教育成为幼儿感兴趣的活动。

2.教育过程的探索性

幼儿科学教育应该是引导幼儿通过探究,发现获得知识的过程。也就是说,幼儿的知识经验不再是教师直接告诉和传授给幼儿的,而是幼儿自己获得的。幼儿是一个主动的学习者,教师的作用不再是用范例或操作实验向幼儿分步讲解或示范,而是支持、引发和引导幼儿探索和发现的过程。

3.教育活动结果的经验性

幼儿科学教育尊重幼儿的认知特点和科学的本质特征,强调让幼儿亲身经历探究和发现过程,获得有关的经验。如,在引导孩子们认识水时,幼儿难以说出"水有浮力""水有溶解性"等特性,但能发现和感受到"木块浮在水面上,石头沉到了水底""糖放在水里不见了"等感性经验,这些经验是幼儿在探索和获取知识的过程中,真正体验到的科学的思维方式和过程。

4.教育目的的长远性

追求有益于幼儿终身发展的大目标,是幼儿科学教育的价值取向所在。为了幼儿终身的学习和发展,幼儿科学教育应注重幼儿乐学和会学的教育目标和价值,强调培养幼儿内在的学习动机和兴趣,发展幼儿不断学习的能力。

如果我们预想的教育内容与幼儿的兴趣和需求发生矛盾时,我们绝不能以牺牲幼儿的探究兴趣来实现知识的获得。

5.教育组织方式的多样性

在组织方式上,幼儿科学教育应注重幼儿自发的个别探究和小组、集体探究活动,将活动内容灵活渗透于幼儿的一日生活当中。

二、幼儿科学教育的意义

空幼儿科学
教育的意义

(一)幼儿科学教育是幼儿思维的"实验室"

幼儿科学教育使幼儿获得有关某一科学概念的广泛经验,不仅为他建构抽象的概念提供了具体的表象支持,还能使他对概念的理解更加深刻。

(二)幼儿科学教育能够促进幼儿的全面发展

科学教育的价值不仅仅在认知方面,它能够使幼儿的各个方面都获得全面和谐的发展,具体体现在:

(1)激发幼儿的好奇心、科学兴趣和对周围世界的积极态度;

(2)丰富和积累幼儿的科学知识和经验;

(3)发展幼儿的科学技能、教会学科学的方法;

(4)培养幼儿的主动性、积极性、独立性、创造性、自信心等良好个性品质。

(三)幼儿科学教育会给幼儿的一生带来深刻的影响

一方面,早期的科学经验为其将来理解抽象的科学知识提供了具体的表象支持,从而成为引导幼儿通向科学世界的桥梁。

另一方面,童年时的科学经历,会给人的一生留下深刻的影响和美好的回忆。

(四)幼儿科学教育有助于发现具有科学潜能的幼儿并促进其早期发展

与其他幼儿相比,具有科学潜能的幼儿常常会表现出一些不同寻常的行为,如:

(1)对别人不太感兴趣或兴趣一般的事物,表现出异乎寻常的探索兴趣;

(2)对周围事物表现出敏锐的洞察能力,能发现一般人不能发现的事实或现象;

(3)思维方式与众不同,常常想到别人想不到的问题;

(4)特别喜欢动手尝试,但也会经常造成破坏。

教师在教育中如能及时发现这些儿童的超常规行为,并且能加以正确引导,就能够使他们在这方面的潜能得以充分的表现,并进一步发展。

三、幼儿科学教育的总目标

《纲要》提出的科学教育目标有:

(1)对周围的事物、现象感兴趣,有好奇心和求知欲;

(2)能运用各种感官,动手动脑,探究问题;

(3)能用适当的方式表达、交流探索的过程和结果;

(4)能从生活和游戏中感受事物的数量关系并体验到数学的重要和有趣;

(5)爱护动植物,关心周围环境,亲近大自然,珍惜自然资源,有初步的环保意识。

四、幼儿科学教育的年龄阶段目标

各年龄阶段发展目标见表 5-1 和表 5-2 所列。

表 5-1   目标 1 亲近自然,喜欢探究

小班	中班	大班
1.喜欢接触大自然,对周围的很多事物和现象感兴趣 2.经常问各种问题,或好奇地摆弄物品	1.喜欢接触新事物,经常问一些与新事物有关的问题 2.常常动手、动脑探索物体和材料,并乐在其中	1.对自己感兴趣的问题总是刨根问底 2.能经常动手动脑寻找问题的答案 3.探索中有所发现时,感到兴奋和满足

表 5-2　目标 2 具有初步的探究能力

小班	中班	大班
1.对感兴趣的事物能仔细观察,发现其明显特征 2.能用多种感官或动作去探索物体,关注动作所产生的结果	1.能对事物或现象进行观察比较,发现其相同与不同 2.能根据观察结果提出问题,并大胆猜测答案 3.能通过简单的调查搜集信息 4.能用图画或其他符号进行记录	1.能通过观察、比较与分析,发现并描述不同种类物体的特征或某个事物前后的变化 2.能用一定的方法验证自己的猜测 3.在成人的帮助下,能制订简单的调查计划并执行 4.能用数字、图画、图表或其他符号记录 5.探究中,能与他人合作与交流

第二节　幼儿科学教育的内容和方法

 一、幼儿科学教育的内容

（一）人体

1.人体的结构及功能

人　体

人体的整体结构:人体由骨骼、肌肉、组织、器官和运动、血液循环、呼吸、消化、泌尿、生殖、神经、内分泌等系统组成。人体外部结构主要包括头、颈、躯干和四肢,还有皮肤、毛发等。人体内脏器官主要位于人体的躯干之中,从上到下分为三个部分:胸腔、腹腔和盆腔。要让幼儿观察、探索人体的结构,并了解其功能,了解人与人之间既有共同的地方,也有不同的地方,初步知道怎样爱护并锻炼自己的身体。

2.人的心理活动

人在实践活动和生活活动中,与周围的环境发生交互作用,必然会产生这样或那样的主观活动和行为表现,这就是人的心理活动。心理活动主要包括:认知过程、情感过程、意志过程。

3.个体的生命过程

让幼儿知道人是一个自然实体,每个人都经历着从出生、成长到衰老、死亡的生命过程。同时,在任何条件下,都应该注意安全,保护自己的身体不受伤害和损伤,以避免不必要的痛苦。让幼儿知道自己的来历,告诉孩子他是爸爸和妈妈"造"出来的,是从妈妈的肚子里生出

来的,也让孩子意识到自己原来是妈妈身体的一部分,让他知道尊老爱幼。让儿童知道食物、空气和水是人生长发育的基本条件;要合理地摄取营养,适当地运动和休息,锻炼身体;还要使儿童养成良好的生活习惯,以预防疾病,健康成长。

(二)自然生态环境

1.动物

动物有很多种,如哺乳动物、鱼类、鸟类、昆虫类、两栖动物等,各种动物都有区别于其他种类动物的特征。幼儿要了解各种动物不同的外部特征和生活习性,知道动物是有生命的,它们需要水、空气和食物维持生命,否则就会死去。了解动物生活在不同的地方,有不同的行为方式,不同的繁殖方式,不同的食性。

2.植物

植物的种类也很多,包括花类、草类、树木、蔬菜、水果、药材等。要让孩子了解植物的种类及其特征。

3.动植物与环境的关系

儿童对动植物特别是动物有着特别的感情。我们可以利用儿童对动植物的兴趣,引导他们观察各种动植物的特征,并初步了解动植物与环境以及和人类的密切关系。本单元须达到如下目标。

认识并观察常见动物(包括家畜、家禽和常见的野生动物)的外部特征和生活习性,知道动物世界的多样性,掌握常见的动物分类方法;认识并观察常见植物的典型特征,掌握给植物进行分类的方法(灌木与乔木、落叶与常绿等);引导儿童探索和初步了解动植物与周围环境之间的关系,初步形成生态和谐的意识;引导儿童探索和初步了解动植物与人类的关系,认识生态平衡对人类的意义;培养儿童热爱自然、热爱动植物的情感,初步形成爱护动植物,保护大自然的意识。

4.无生命物质

无生命物质是指地球上的沙、石、土壤、水、空气等物质以及宇宙中的太阳、月亮、星星等物质和空间环境。无生命物质也是儿童日常生活中要大量接触到的,了解它们的性质对幼儿了解外部世界和大自然以及形成稳定丰富的认知结构都有非常重要的意义。

(三)自然科学现象

1.天文现象

天文现象是幼儿比较感兴趣的内容,他们对生存的宇宙充满了幻想与想象。从小就对天空中的太阳、月亮、星星等充满好奇心和兴趣。我们应该给幼儿解释各种天文知识,让幼儿通过观察天文现象,获得相关的经验。

2.感受季节气候的变化

气候和季节的变化是幼儿在日常生活中经常遇到的内容,教师可在不同的季节讲述跟该季节相关的知识内容,让幼儿感受到不同季节的变化,掌握简单的知识。例如,一年有四季,春夏与秋冬,有规律地变化着,不同的季节有不同的天气现象,不同的动植物,当然,地方不同,季节的典型特征、变化不同。

3.物理现象

通过观察和具体材料的操作,了解和认识力、光、热、声、电、磁等物理现象,初步认识这些现象的原理,并熟悉这些现象在生活中的应用,培养儿童对物理科学的兴趣,为儿童日后系统学习物理科学知识打下良好的基础。

4.奇妙的化学现象

在日常生活中有趣的、安全的、简单的化学现象较多,我们可以将这方面的内容纳入幼儿科学教育中来,让他们去探索、去发现。例如,让儿童观察土豆、苹果等用刀切完后,过一段时间后会发生什么样的变化;点燃的蜡烛会出现什么情况;把糖放入嘴里感受甜的味道,或把糖放入水杯中观察白糖的溶解过程等。

5.科学技术教育

(1)日常生活中的科技用品。让幼儿认识现代家用电器及其使用方法和主要用途,学会简单的使用方法,知道其在人们生活中的重要作用。

(2)了解、熟悉著名的科学家的故事,感受、体验科学家的探索、发明创造的过程。

(3)增强幼儿的环保意识,培养其环保行为。

二、幼儿科学教育的方法

幼儿园科学教育的方法即指在组织幼儿科学活动时,指导儿童学科学的方法,也指幼儿在科学活动中所采用的学习方法。即"教师怎样教,幼儿怎样学"的方法。

(一)观察

在幼儿科学教育中,观察是认识事物的最主要方法。在幼儿园科学教育中,观察一般分为个别物体和现象的观察、比较观察、长期系统的观察三种类型。

教师在指导幼儿观察时,要注意:①利用观察对象的显著特征激发幼儿的观察兴趣;②引导幼儿运用多种感官感知事物的特征;③通过启发性提问引导幼儿观察;④将观察和操作活动相结合,让幼儿通过对操作对象的操作、摆弄,全面地观察事物,并了解观察对象的变化;⑤要鼓励幼儿用语言表达观察中的发现。

(二)分类

分类是把一组物体按照特定的标准加以区分的过程,即抽取同类事物中的共同特征进

行抽象和概括。幼儿活动的分类是指帮助幼儿把具有某一个或几个共同特征的物体聚集在一起的活动过程。通过分类练习,可以巩固幼儿对各种类别物品特征的认识。在科学活动中,分类的方法主要可以分为挑选分类、根据特定的标准分类和根据自己确定的标准分类三种。

在组织幼儿分类活动时,教师应注意以下几点:①给幼儿提供充足的感性材料,帮助幼儿辨别事物的特征、差异,引导幼儿在看看、摸摸、玩玩、比比中,感知事物的各种属性;②帮助幼儿明确分类标准或鼓励幼儿自己确定分类标准;③提供给幼儿摆弄、尝试分类的充足时间。

(三)测量

测量是幼儿利用目测或简单的工具,对物体进行简单的、初级的测定活动。幼儿的测量包括大小、长短、粗细、高矮、轻重等内容,如用绳子、尺子测量桌子的高度,用温度计测量气温等。在幼儿科学教育中,可以进行测量的内容有:①测量物体的个别特征;②观察与测量动、植物的生长情况;③观察与测量天气情况,如设置"气象角",测量记录气温的变化。

教师在组织幼儿测量活动时的指导要点:①教会幼儿使用测量工具;②教会幼儿记录测量结果的常用方法。记录测量结果有图画式和表格式等,幼儿运用这些记录方法记录测量结果,既生动又便于交流。

(四)科学小实验

科学实验是指在人为条件下,利用一定的仪器或设备,通过操纵变量来观测相应的现象和变化的方法。由于幼儿还不能在逻辑的基础上理解事物之间的因果关系,因此,幼儿的科学实验还谈不上是严格意义上的科学实验。幼儿的科学实验对变量的操纵和控制比较简单,所揭示的是事物之间明显可见的、表面上的因果关系。幼儿科学实验的种类通常为教师演示实验和幼儿操作实验两种。

教师在指导幼儿开展科学小实验时,应注意以下问题:①提供充足、多样的实验材料,以保证幼儿能反复操作;②积极引导幼儿主动参与活动,自主探索,自主建构知识;③引导幼儿在实验中仔细观察,引导幼儿学习记录实验中的发现;④组织幼儿对实验的现象和结果开展讨论、交流,引导幼儿分析实验中观察到的现象,鼓励幼儿解释实验的结果;⑤鼓励幼儿提出问题,但不要急于把问题的答案告诉幼儿,要与幼儿展开平等的讨论,共同探究问题,要从幼儿的立场体会幼儿的疑惑。

(五)科学游戏

幼儿园的科学游戏是借助于自然界的物质材料,包括水、石、沙、土、竹、木、树叶、贝壳等,以及科技产品、玩具、图片等物,把科学的道理寓于游戏之中,通过幼儿参与有一定规则的、有趣的玩耍、操作活动,达到某一科学教育的要求,促进幼儿的发展,它是进行科学启蒙教育的一种有效方法。

幼儿科学游戏的内容丰富,形式多样。常见的主要有以下几种:①感官游戏。这类游戏主要是让幼儿运用感觉器官,感知辨别自然物体的属性和功能,如"奇妙的口袋""神奇的罐子"等就属此种游戏。②操作游戏。这类游戏是指通过给幼儿提供操作玩具或实物材料,让幼儿在自由的操作过程中(有时也要借助于一定的操作规则),获得有关科学经验的游戏。③情景性游戏。这类游戏是教师根据一定的意图,随机选择或创设特定的情景,让幼儿观察、思考,从中发现事物之间的联系,让幼儿运用已有的知识经验反映、再现或表演他们对事物的认识,或运用已有知识经验处理特定情景下遇到的问题。④运动性游戏。这类游戏是寓科学教育于体育活动的游戏。这类游戏适宜在室外进行,活动量较大,如捉影子、吹泡泡、玩水、玩沙、放风筝等。⑤竞赛游戏。竞赛游戏是以发展幼儿思维敏捷性和灵活性为特点,以竞赛判别输赢的游戏。竞赛游戏适合在中、大班开展。

在组织指导集体性的科学游戏活动时,要注意以下几个方面:①游戏开始前,要使幼儿集中注意力,调动幼儿参与科学游戏的热情;②帮助幼儿理解科学游戏的规则;③科学游戏活动中,教师要关注游戏的进展,同时还要关注幼儿在游戏中的反应,必要时对个别幼儿提供一些帮助;④做好科学游戏评价工作。游戏结束时,可组织幼儿交流游戏中自己的所想所见和内心感受等,表扬每一个幼儿在游戏中的出色表现。

(六)种植和饲养

种植和饲养是幼儿学科学的一项实践活动,是幼儿探索生命科学的重要方法,是幼儿感兴趣和喜爱的活动。在种植和饲养的过程中,幼儿可观察到动植物的生长、发育、死亡等生命现象,生物与非生物的关系,人与自然的关系,获取生命科学的经验,理解有关生物科学的简单概念。在种植和饲养过程中,幼儿能发现动植物是在自己亲自管理和照料下逐渐变化和成长的,易于激发幼儿愉快的情绪体验,使幼儿产生对动植物的积极情感,进而产生保护、爱护动植物的情感和行为。幼儿从种植和饲养中,还能学习简单的种植、饲养技能,培养幼儿爱劳动的品质。

(七)散步和采集

散步和采集是幼儿喜爱的活动,是幼儿科学教育的方法之一。散步和采集能使幼儿接触到自然界的许多新异刺激,能感受大自然的美,锻炼幼儿的感知和观察力,促进其探索思考,有益于幼儿身心健康发展。

散步和采集活动与其他活动有较大的差别,教师在指导幼儿外出散步时,要注意以下几点:①计划性和灵活性相结合。制订散步活动计划只要确定时间、地点和路途长短等即可,不宜制订过细而具体的要求。②集中和分散相结合。既要保证每个幼儿能充分自由地和大自然直接接触,又要保证幼儿的安全。③散步中,引导幼儿观察的内容和采集的对象可以与正规性活动的内容相结合。此外,散步和采集活动可以与游戏、朗诵诗歌、散文和唱歌相结合,这样就更增加了散步的趣味性。

第三节 幼儿园科学教育活动指导要点与设计

 一、幼儿园科学教育指导要点

《纲要》中科学教育指导要点如下：

（1）幼儿的科学教育是科学启蒙教育，重在激发幼儿的认识兴趣和探究欲望；

（2）要尽量创造条件让幼儿实际参加探究活动，使他们感受科学探究的过程和方法，体验发现的乐趣；

（3）科学教育应密切联系幼儿的实际生活进行，利用身边的事物与现象作为科学探索的对象。

 二、观察型科学活动的设计与指导

（一）活动过程设计

观察型科学活动是指幼儿运用多种感官了解客观事物与现象的特点，获取感性经验，培养科学情感，学习科学方法与技能的科学活动。观察型科学活动，在开始部分要明确本次观察活动的任务。在基本部分要根据不同的观察对象的特点设计活动过程，落实活动目标。同时，活动过程中应有幼儿交流观察结果的交流过程。结束部分对活动要有小结。根据观察对象的不同特点，观察型科学活动的设计思路、要点如下。

1.物体、现象观察活动

设计思路：出示观察对象→幼儿自由观察→表达与交流→教师引导幼儿观察→表达、交流、讨论→教师总结。物体观察活动适用于个别物体观察、同类物体观察和比较观察。教师可引导幼儿在观察的基础上表达和交流，并通过指向性问题，引导其认识个别物体的显著特征，或总结同类物体的共同特征，或比较两个物体间的异同。

2.展示观察活动

设计思路：搜集物体→布置展览→共同参观→表达交流→教师总结（或开放性结束）。展示观察活动一般适用于观察、认识物体的多样性。

3.长期系统观察活动

长期系统观察活动不可能通过一次教育活动来完成，而应该以主题教育活动的形式进行，或者与日常生活中的教育活动结合起来进行。设计此类观察活动时，教师应引导幼儿养成定时、定点观察的习惯，并做好观察记录。如观察季节特征的变化、观察动植物的生长过程等。

(二)观察型科学活动的指导要点

1.利用各种方式激发幼儿对观察对象的兴趣

观察型科学活动的指导要点

在观察活动开始前,教师要利用各种方式吸引幼儿对观察对象的注意,激发幼儿观察的兴趣。如,可用生动简洁的儿歌、谜语、故事、问题和启发性谈话等方式开始,也可用出示实物、图片、视频、听该物发出的声音、游戏等方式开始观察活动。

2.引导幼儿运用多种感官感知事物的特征,获取全面的观察信息

通过观察,一般可获得有关物体和现象的如下信息:

(1)观察物体的外部特征、结构和功能及它们之间的关系。

(2)观察物体的存在与周围世界的关系。

(3)观察物体的运动状态。

3.通过提问引导幼儿发现和思考,掌握观察事物的方法

教师通过提问,引导幼儿全面、有序、系统地观察。如,"它像什么?""它是什么样的?""它们相同吗?哪儿不同?"等,启发幼儿描述探索对象的特征,比较不同对象的特征,每个幼儿都可以从自己的角度来观察和思考。

教师在指导时,既要引导幼儿学习有顺序地观察物体和用比较的方法观察物体,也要给幼儿留下自由观察的空间,以免造成幼儿被动学习的局面。

4.将观察活动和操作活动结合起来

要尽可能地让幼儿有动手操作的机会,在自己的操作中全面地观察事物,了解观察对象的变化。

5.指导幼儿学习用各种方法记录观察结果

记录是幼儿观察活动中的一个方面,也是一种表达的方式,同时也是重要的幼儿评价资料。可用绘画、表格、泥塑、剪纸、粘贴(树叶)、搜集制作标本等方式记录下观察的结果。

6.要鼓励幼儿用语言表达交流观察中的发现

表达可以帮助幼儿回忆观察的过程,整理观察的结果,还可以促进师幼间和幼儿间的交流。教师既要鼓励幼儿用自己的语言来表达,发现幼儿观察的独到之处,又要注意纠正其语言表达与观察不符的地方。

活动案例 5-1

中班科学活动:"认识豆宝宝"

活动目标

(1)通过观察、比较、讨论、记录,了解蚕豆、黄豆、赤豆三种豆子的特征及用途。

(2)认识各种豆类食品,知道多吃豆类食品对身体有好处。

(3)在合作中、游戏中体验探究过程,具有初步的探究能力。

活动准备

幼儿人手一个豆罐(装蚕豆、黄豆或赤豆)、记录表格(一组一份)、相对应的豆制品及图片、"豆宝宝"介绍自己的豆制品的录音、投影仪。

活动过程

1.导入:猜猜我是谁

(1)摇摇、听听、猜猜我是谁。

①今天,我们这里有很多的"豆宝宝",你们愿意和它们一起玩吗?

②请你轻轻把小椅子下面的豆罐罐拿出来,轻轻地摇一摇、听一听、猜一猜里面藏了哪位"豆宝宝"?

(2)打开罐子,验证猜想。

2.自由探索三种"豆宝宝"的特征

(1)观察、比较三种"豆宝宝"的不同。请每组的小朋友把你们的"豆宝宝"都倒在同一个盘子里,认真观察盘子里的"豆宝宝"。

①盘子里一共有几种"豆宝宝"?

②它们都是什么颜色的?

③它们又是什么形状的?

④用手摸一摸"豆宝宝",有什么样的感觉?

(2)表格记录三种"豆宝宝"的特征。

①幼儿观察记录。教师巡视幼儿的活动情况,并给予适当指导。

②教师把幼儿的观察记录放在投影仪上,让幼儿对照小组的记录向大家介绍本组的观察结果。幼儿在记录方法上会有所不同,教师在引导幼儿介绍观察结果时,可顺便引导幼儿说说本组的记录方法。

3.讨论、交流、了解"豆宝宝"的用途

提示语:"豆宝宝"的本领可大了,它能做成很多好吃的食品。现在,我们就去参加一个豆制品展览会,看看"豆宝宝"变成了什么?

(1)把豆制品送到相应的"豆宝宝"那里。

(2)看图片,请"豆宝宝"检查(听录音)。

小结:小朋友们真棒!"豆宝宝"很开心,要谢谢你们。"豆宝宝"不仅可以做这么多好吃的食品,而且都有很高的营养价值,所以我们要多吃、常吃豆制品,让我们的身体长得棒棒的!

4.游戏活动

(1)制作"豆宝宝"音乐罐。

选择自己喜欢的一种"豆宝宝",装进罐子,但不能装满,装半罐左右。

（2）猜猜我的"豆宝宝"。

幼儿有节奏地晃动自己的音乐罐，让其他小朋友猜猜里面是哪种"豆宝宝"。

案例评析

　　活动目标的制定全面而具体，既结合了幼儿的实际需要，又有利于幼儿的长远发展。教学内容的选择来自于幼儿的生活实际。在导入环节中，幼儿通过摇摇、听听、猜猜，一下子激起了探究的兴趣，为下面的活动做了铺垫。自由探索环节，幼儿在轻松愉快的氛围中讨论、记录"豆宝宝"的特征，不是教师一味地灌输给幼儿知识，是他们自己找到的、自己发现的，因此他们也玩得很开心，同时自己也得到了想要的知识。在讨论环节，幼儿自由选择，并根据自己的生活经验自由匹配豆制品和"豆宝宝"，再看图片、听录音，幼儿自己检查、自己发现错误，同时在集中注意力看、听时，对豆制品已经有了一定的认识。在游戏环节，通过幼儿的自主游戏，把活动引向高潮，在玩中加深了对"豆宝宝"的感知。整个活动以幼儿为中心，培养了他们的科学探究能力。

三、操作型科学活动的设计与指导

（一）活动过程设计

　　操作型科学活动是指幼儿通过动手操作仪器和材料，发现客观事物关系及其变化，学习和使用科技产品，掌握某些工具的操作方法或技能的科学活动。操作型科学活动是幼儿科学学习中比较重要的一种活动类型。它又可以分为实验操作型活动和技术操作型活动，设计思路如下。

1.实验操作型活动

　　设计思路：提出问题→猜想假设→实验验证→得出结论→交流讨论。这一设计思路能让幼儿了解科学探究的基本过程和方法，学习做科学记录，形成实事求是的科学态度。这种活动比较适合探究幼儿已有类似生活经验而答案又不太明确的问题。

2.技术操作型活动

　　技术操作型活动是指使用科技产品或进行科技小制作的活动。设计思路：观察→设计→操作→交流讨论→正确操作或展示分享。通过观察了解操作对象的结构，然后设计操作或制作的步骤、方法等，接下来根据设计进行操作或制作，交流讨论操作过程中各自的经验或错误，并调整、修正，最后完成正确操作或作品。

（二）操作型活动的指导要点

1.创设宽松、和谐的心理氛围

　　要使幼儿的操作活动收到预期的效果，教师必须为幼儿创设宽松、温馨的心理氛围，如尊重和接纳每一个幼儿的想法、探索发现和解释，甚至是错误；理解幼儿的探究行为，给予每一个幼儿以真诚、激励性、积极的评价和具体的反馈,激发幼儿内在的探究动机,使他们乐于探索。

2.提供适当、充足、多样的操作材料

操作活动是幼儿与材料相互作用的过程。给幼儿提供的材料要适当、充足、丰富;科技小制作的材料尽量是半成品,还应具有选择性、代表性和安全性。在幼儿反复操作材料的过程中,鼓励他们去发现、判断、探索,找出问题的答案或完成作品,获得丰富的科学经验。

3.引导幼儿积极设计活动、主动参与活动

在活动中,教师要与幼儿共同理清实验或制作的步骤和方法,给幼儿充足的操作时间,引导幼儿动手实验操作、发现问题、思考问题,使操作活动成为幼儿主动的探索活动。当幼儿有新的发现和想法时,应支持幼儿的探究行为,鼓励幼儿大胆尝试。

4.引导幼儿仔细观察

注意实验材料在操作过程中的变化,学习实验操作技能及记录实验结果。

5.鼓励幼儿提出问题,并与幼儿共同探究问题

在幼儿的操作过程中,教师要鼓励幼儿大胆提问、质疑;教师也可通过适当提示和提问,引导幼儿深入探索。如可以提出以下问题:"这样做会发生什么?""你在操作过程中发现了什么?""你是怎么知道的?""你还能用别的办法来说明发生的事吗?"等。

6.鼓励幼儿对实验或制作的过程及结果用语言进行表述

在活动中,幼儿需要在教师指导下进行交流与讨论,提出不同的见解,表述活动中的发现。当幼儿的解释出现错误时,教师不要急于纠正,可与他们一起讨论解决。教师还应尽量帮助幼儿总结发现,获得新的经验。

活动案例 5-2

小班科学活动:"'水娃娃'不见了"

活动目标

(1)通过实验操作,发现生活中有些东西是可以吸水的。
(2)能将自己的探索结果应用在实际生活中。
(3)在活动中,能实事求是地记录,积极主动地探究,体验探究的乐趣。

活动准备

(1)海绵、棉花、石头、塑料袋、餐巾纸等材料人手一套。
(2)毛巾、开口的饮料罐两个。
(3)瓶盖,笑脸娃娃贴和哭脸娃娃贴若干,实验记录表人手一份。

活动过程

1.创设情景,激发幼儿探究的兴趣

(1)出示两个饮料罐,其中一个塞入毛巾。

引导语:今天,老师给小朋友们变个魔术,请大家认真观察。

(2)教师用瓶盖将等量的水分别倒进两个罐子,然后再把水从罐子里倒出来。

①为什么这个罐子的水没有倒出来?

②幼儿观察两个罐子,讨论、猜测:放毛巾的罐子里的水为什么不见了?

小结:原来毛巾有吸水性,把罐子里的水吸走了,所以里面的水倒不出来了。

2.实验操作,体验探究过程

(1)提出问题。

①除了毛巾能吸水,生活中还有哪些东西也有相同的本领呢?

②请小朋友们观察海绵、棉花、石头、塑料袋、餐巾纸,你认为哪种材料可以吸水? 哪种材料不吸水呢?(配班教师分发实验材料)

(2)猜想、假设并记录。

教师引导幼儿猜想、讨论,并记录幼儿的猜想。详细说明怎样使用实验记录表记录自己的假设。如果认为表中材料吸水,就在它后面的格子里贴笑脸娃娃;若认为表中材料不吸水,就在它后面的格子里贴哭脸娃娃。

(3)实验操作。

①教师讲解实验步骤及注意事项。

②幼儿操作:每位幼儿6个瓶盖,实验时,幼儿分别将海绵、棉花、石头、塑料袋、餐巾纸放入瓶盖中;然后拿剩下的空瓶盖舀水依次倒入装有材料的瓶盖,观察哪个瓶盖中的水不见了或变少了。

③幼儿记录自己的实验结果,教师巡回指导。

提示:幼儿记录时,必须根据自己看到的实验情况如实记录,强调记录的真实性。

(4)交流实验记录结果。

①鼓励幼儿将自己的观察记录结果与他人分享、交流。

②请幼儿说说,自己的实验结果与假设是否一样。

小结:通过实验操作,我们发现毛巾、海绵、棉花、餐巾纸是可以吸水的,石头、塑料袋是不吸水的。

3.游戏活动

提示语:小朋友在做实验的时候,有一只小花猫不小心碰倒了水杯.水流到桌子上了,请你们拿着能吸水的东西来帮帮它,把桌上的水吸干净吧。

结束:整理好实验器材和桌面。

活动延伸

结合生活经验说说,有吸水性和无吸水性的物品在生活中的应用。如雨伞防水、毛巾擦脸等。

案例评析

由于小班幼儿的思维仍然处于直觉行动阶段,所以他们常常停留于游戏的表面,而忽略了实验内在的教育价值。本案例创设的情境容易引起幼儿的兴趣,教师的引导给了幼儿积极、大胆参与和猜想、假设的空间。

小班幼儿记录的意识还未建立,记录能力相对较弱。案例中提供的实验记录表为幼儿提供了可以参考的框架。鼓励幼儿尊重与倾听他人的观点。帮助他们学会互相学习。

本章习题

一、名词解释

1. 幼儿科学教育　　2. 观察认识型活动　　3. 实验操作型活动

4. 技术操作型活动　　5. 幼儿科学游戏　　6. 生活中的科学教育

二、简答题

1. 如何理解幼儿科学教育活动?它有何特性?

2. 简述观察认识型活动的指导要点。

3. 结合实际谈谈实验操作型活动对幼儿学科学有何意义。

4. 如何设计与组织幼儿科学游戏?

5. 如何指导幼儿园的种植和饲养活动?

三、案例评析题

1. 观看1～2个幼儿科学教育教学活动实录,并对活动做出评析。

2. 浏览以下幼儿科学教育活动方案,分析其设计是否合理。

中班技术制作型活动:我们来造车

【活动目标】

(1)大胆进行想象与设计,能用不同的材料"造"车,体验制作的乐趣。

(2)了解交通规则,养成遵守交通规则的好习惯。

【活动准备】

(1)各种玩具汽车。

(2)积木、插塑、橡皮泥若干。

(3)废旧皮鞋盒、牙膏盒、可乐瓶等废旧材料,胶水、即时贴、彩笔。

(4)红绿灯信号牌。

【活动过程】

(1)幼儿自由玩车,激发幼儿自己"造车"的兴趣。

出示玩具车让幼儿自由玩耍,请幼儿说说:自己玩的是什么车? 它是什么样的? 有什么用?

(2)幼儿设计并讲述自己怎样造车。

①现在请小朋友当小小设计师,想一想,你准备造一辆什么样的车?

②幼儿自由组合交流讨论:造什么样的车,选什么材料造车等。

(3)幼儿自由分组,教师指导幼儿尝试用所选的材料"造车"。

第一组:用各种插塑、积木拼搭车。

第二组:用各种颜色的橡皮泥拼搭车。

第三组:用各种废旧材料做汽车,可用彩笔、即时贴等做装饰。

(4)布置汽车展览,与幼儿一起欣赏自造的车。

每一组请一个幼儿做讲解员,讲解自己所造的车。

(5)幼儿游戏——红绿灯

①教师讲解游戏规则。

②幼儿在场地上玩自己设计的汽车。教师手举红绿灯,请幼儿注意交通规则。

【活动延伸】

请幼儿搜集各种各样有关车的资料、图片、模型模具车等,带到幼儿园与小朋友交流。

四、设计题

1.设计一个观察认识型活动,并分小组试教。

2.以"有趣的转动"为课题设计一个大班实验操作型活动。

3.针对幼儿科学教育某一内容设计和组织一个技术操作型活动。

4.针对幼儿科学教育某一内容设计和组织一个科学讨论型活动。

5.以"奇妙的摸箱"为课题设计与组织一个幼儿科学游戏。

第六章

幼儿园数学教育活动
设计与指导

第一节　幼儿数学教育活动的概述

幼儿数学
教育的含义

一、幼儿数学教育的含义

（一）幼儿数学教育的意义

幼儿数学教育是幼儿全面发展教育的重要组成部分，可以促使幼儿在身体、认知、情感、社会性等方面的全面和谐的发展。

1.数学是现代科学技术的基础和工具，是每个人应具备的文化素养之一

数学是研究现实世界的空间形式和数量关系的科学。人的全部生活实践（衣、食、住、行）几乎都离不开数学。数学还广泛地应用于音乐、科学技术、工业生产等各个方面，甚至自然界的一切生物。数学是学生学习其他科学文化知识，从事各种实践活动的必要基础知识和工具。

2.向幼儿进行数学启蒙教育有助于幼儿对生活和周围世界的正确认识

幼儿生活在社会和物质的世界中，周围环境中的形形色色物体均以一定的数量、形状、大小和位置等呈现在幼儿面前，幼儿从出生之日起，就无时无刻不在体验着数、量、形的世界，不可避免地要与数学打交道。教幼儿掌握一些简单的数学初步知识和技能，能使他们更好地认识客观事物，与人们交往，解决生活中遇到的各种有关问题。

3.向幼儿进行数学启蒙教育有助于幼儿思维能力及良好思维品质的培养

数学是一门培养和锻炼人的思维能力的基础学科，被人们形象地称为思维的"体操"。由于数学本身具有抽象性、逻辑性、精确性和广泛应用性等特点，幼儿在数学活动中，需要对感知到的数学材料、对所出现的数学关系进行充分的观察和比较、分析和综合、抽象和概括、判断和推理，这一过程就是思维训练的过程。所以，幼儿数学教育能较大程度地满足幼儿思维发展的需要，起着与其他学科不同的特殊作用。

4.向幼儿进行数学启蒙教育有助于日后的小学数学学习

数学是普通教育中一门重要的基础学科，在幼儿入学前进行数学启蒙教育将有利于他们顺利地在小学学习数学，为日后的数学学习打下基础，并提高数学学习的水平。

（二）幼儿数学教育的含义

幼儿数学教育是研究幼儿初步数学概念发生发展，及其教育规律的科学。其主要任务是解决向幼儿进行数学教育的理论及实践问题。

二、幼儿数学教育的总目标

幼儿数学教育的总目标是幼儿数学教育总的任务要求,对年龄阶段目标、教育活动目标具有指导作用。根据《纲要》中科学领域的目标精神,幼儿数学教育总目标的具体内容包括以下四点:

(1)对周围环境中事物的数、量、形、时间和空间等感兴趣,有好奇心和求知欲,喜欢参加数学活动;

(2)能从生活和游戏中感受事物的数量关系,获得有关数、量、形、时间和空间等感性经验,体验到数学的重要;

(3)学会用简单的数学方法,解决生活和游戏中某些简单的问题,能用适当的方法表达、交流操作和探索的过程和结果;

(4)学会正确使用数学活动材料,能按规则进行活动,有良好的学习习惯。

三、幼儿数学教育的年龄阶段目标

幼儿数学教育的年龄阶段目标是指各年龄班一年内的阶段发展目标。幼儿数学教育年龄阶段目标如下。

小班

(1)愿意参加数学活动,喜欢摆弄、操作数学活动材料,能在教师的帮助下,按要求取放操作材料和进行活动。

(2)对生活中常见的各种物品的大小、形状、数量有兴趣,能感知5以内物体的数量。

(3)能按物体的外部特征进行分类。

中班

(1)能专心地进行数学操作活动,对自己的活动成果感兴趣;愿意并学会用适当的方式表达、交流自己操作和探索的过程和结果。

(2)能自己选择数学活动内容和按规则进行活动。

(3)能按物体的某一特征和数量进行分类。

(4)能注意和发现周围环境中物体的数量、形状、量的差异,以及它们在空间的位置等。

(5)能比较、判断10以内物体数量的多少;感受10以内相邻两数的大小关系。

(6)认识一些常见的平面图形。

大班

(1)能积极、主动地参加数学活动,遵守活动规则,会有条理地摆放、整理活动材料。

(2)能用适当的方式表达、交流数学操作活动的过程和结果。

(3)能在教师帮助下归纳、概括有关的数学经验,感受生活和游戏中事物的数量关系。

(4)能运用对应、比较、类推、分类统计等简单的数学方法解决生活和游戏中的某些问题。

(5)能按物体两个以上特征或从事物的多个角度进行分类。

(6)认识一些常见的立体图形。

第二节 幼儿数学教育的内容、途径和方法

一、幼儿数学教育的内容

幼儿数学教育内容包括:感知集合、数、形、量、空间和时间等几个方面,主要项目及范围有如下几项。

(一)集合

(1)感知集合及其元素,进行物体的分类。

(2)认识"1"和"许多",及其关系。

(3)用对应的方法比较两组物体数量的相等与不等。

(4)初步感知集合间的并集、差集关系及包含关系。

(二)10 以内的数概念

(1)10 以内的基数(包括数的实际含义、数的守恒、相邻数和 10 以内自然数列的等差关系等)。

(2)10 以内的序数。

(3)10 以内数的组成。

(4)认读和书写阿拉伯数字。

(三)10 以内的加减运算

(四)几何形体

(1)平面图形:圆形、正方形、三角形、长方形、半圆形、椭圆形、梯形。

(2)立体图形(几何体):球体、圆柱体、正方形、长方形。

(3)图形之间的简单关系。

(五)量

(1)大小、长短、粗细、厚薄、高矮、宽窄、轻重、远近、容积等量的比较。

(2)量的正、逆排序。

(3)量的守恒。

(4)量的相对性和传递性。

（5）自然测量。

（六）空间

（1）空间方位：上下、前后、左右、里外、远近等。
（2）空间运动方位：向上、向下、向前、向后、向左、向右等。

（七）时间

（1）区分早晨、晚上、白天、黑夜，昨天、今天、明天，一星期七天的名称及其顺序。
（2）认识时钟：时钟的长针和短针及其功用，认识整点和半点。

二、幼儿数学教育的途径

幼儿数学教育的途径，是指实施数学教育所采取的活动形式。幼儿数学教育的途径有数学课、游戏、各种教育活动和日常生活中的数学教育及数学角等。

（一）教学活动中的数学教育

1.数学教学活动

数学教学活动是指教师有目的、有计划地安排专门时间，提供活动环境和材料，并组织全体幼儿参加的一种专项数学活动。数学教学活动是向幼儿进行数学教育的主要途径。目前幼儿园数学教学活动的组织形式一般有三种。

（1）集体活动。这种类型的数学课是以全体幼儿进行统一活动为特征的。无论是幼儿自己操作探索还是教师启发探索或讲解演示，幼儿均是在教师的指导下，对相同内容的任务，通过共同的步骤，以相同的方式进行。

（2）小组活动。这种类型的数学课是在一节课的时间内兼用集体和小组活动两种形式。它较好地解决了一般的教学要求与个体不同需要的矛盾，使每个幼儿在自己原有的基础上得到不同程度的发展。

（3）集体与小组活动相结合。这种类型的数学课是在一节课的时间内兼用小组和个人活动两种形式。它也是突出幼儿选择活动的自主性和解决幼儿不同发展需要的一种方式。

以上三种类型的数学课各具特色，均可用于学习新内容和复习旧知识。可根据各园、班的教师和幼儿的情况，选用某一两种类型，或轮流兼用。

2.其他领域的教学活动

各个学科之间的知识是互相联系和渗透的，数学以外的其他领域教学活动（如社会、语言、艺术、健康等）都与数学教育有一定的关系，在其他学科活动中渗透数学教育，能够巩固、加深、补充和促进幼儿数学概念的发展，能使幼儿数学教学更为生动和有效。

（二）游戏活动中的数学教育

游戏是幼儿最喜爱的活动，也是幼儿数学教育的有力手段。一方面，由于数学知识的抽象性，易造成幼儿学习上的困难，采用游戏的方式寓教于乐，能提高幼儿对数学学习的积极性，使他们在愉快的情绪中，轻松、自然、饶有兴趣地学习，取得最佳的教育效果；另一方面，在各种游戏活动中,蕴含着大量的数、量、形、时间、空间等方面的知识。幼儿参加游戏,不仅愉快地进行着各种活动,同时也感受着其中蕴含的数学知识,积累了丰富的数学感性经验。

游戏中的数学教育可以落实到建筑游戏、角色游戏、体育游戏、玩沙玩水游戏、区域活动等活动中进行。其中,要特别重视数学区域活动。

(三)日常生活中的数学教育

在幼儿的生活环节中,蕴含着许许多多数、量、形、时间、空间等方面的知识,因而对幼儿的数学学习产生了潜移默化、日积月累的作用和影响。

 ## 三、幼儿数学教育的方法

幼儿数学
教育的方法

(一)操作法

操作法是指提供给幼儿合适的材料、教具、环境,让幼儿在自己的操作中进行探索,获得数学感性经验和逻辑知识的一种方法。

运用操作法应强调以下几点。

(1)明确操作法的使用目的;

(2)创设操作条件;

(3)交代操作规则;

(4)观察、引导幼儿操作;

(5)评价、交流操作结果;

(6)体现年龄差异和水平差异。

(二)比较法

比较法是通过对两个(组)或两个(组)以上物体的比较,让幼儿找出它们在数、量、形等方面的相同和不同的一种方法。

比较法按照物体排列形式的不同,可以分为对应比较和非对应比较两种。

对应比较是把两个(组)物体一个对一个进行比较。具体分为以下三种方式。

重叠式:把一个(组)物体重叠在另一个(组)物体上,形成两个(组)物体一个对一个的对应关系,从而进行比较;

并放式:把一个(组)物体并放在另一个(组)物体的下面,形成两个(组)物体一个对一个的对应关系,从而进行比较;

连线式:将图片上面的物体和有关的物体、形状或数字等,用线连接起来进行比较。

非对应比较也可以分为三种方式。

单排比较:将物体摆成一排或一行进行比较;

双排比较:将物体摆成双排进行比较;

不规则排列的比较:将物体没有规则地摆放,进行比较。

(三)游戏法

游戏法是将抽象的数学知识寓于幼儿感兴趣的游戏中,让幼儿在自由自在、无拘无束的

各种游戏活动中,学习数学的一种方法。它是幼儿数学学习中一种十分重要的方法,它能更有利地调动幼儿的学习积极性,激发幼儿的学习兴趣。

(四)启发探索法

启发探索法也称发现法,是指在教学过程中,教师不把数学的初步知识和概念直接向幼儿讲解,而是启发幼儿依靠已有的数学知识和经验去发现和探索,并获得初步数学知识的一种方法。这种方法充分调动了幼儿学习的积极性和主动性,能提高幼儿学习数学的探索精神及独立解决问题的能力。

(五)讲解演示法

讲解演示法是教师通过语言和运用直观教具把抽象的数学知识加以说明和解释,具体地呈现出来的一种方法。它是讲解与演示相结合的方法,因为抽象的数学概念不能单独依靠口头讲解,而演示本身也离不开口头语言的讲解。

(六)寻找法

寻找法是让幼儿从周围生活环境和事物中寻找数、量、形及其关系的一种方法。寻找法不仅可以提高幼儿学习的积极性,使幼儿的好奇心得到一定的满足,同时也有利于培养幼儿的观察力、注意力和综合分析的能力。

寻找法包括三种具体形式:第一,在已准备好的环境中寻找;第二,在自然环境中寻找;第三,运用记忆表象来寻找。

第三节　幼儿园数学教育活动指导要点与设计

 一、感知集合的教育活动设计与指导

感知集合的教育活动设计与指导

(一)感知集合的教育内容及设计思路

把一组对象看成一个整体,就形成了一个集合;集合里的每个对象叫作这个集合的元素。集合是现代数学的一个最基本的概念,可以说,整个数学都建立在它的基础之上。在幼儿数学教育中渗透集合教育,是幼儿形成"数"的概念和学习加减运算的感性基础。对幼儿进行感知集合的教育包含三个方面:学习分类、认识"1"和"许多",以及比较两组物体数量的相等和不等。

1.学习分类

分类是把相同的或具有共同特征(属性)的东西归并在一起。幼儿将一个个物体加以区分和归并,是计数的必要前提,也是形成"数"的概念的基础。幼儿进行分类时,要经过区别和归类这两个步骤。

设计思路如下:

(1)让幼儿感知和辨认分类对象的名称、特征和差异;

(2)向幼儿说明分类的含义和分类要求;

(3)按范例或口头指示,启发幼儿思考、探索如何分类;

(4)对不同年龄幼儿提出不同的分类干扰条件,以逐步提高分类的难度;

(5)发动幼儿讨论分类的结果,巩固"类"的概念和对类的包含关系的理解。

2.认识"1"和"许多"

"1"是自然数的基本单位,"许多"表示集合中有两个以上的元素。在小班幼儿学数学前,教幼儿认识"1"和"许多",可以为正确学习逐一计数和认识 10 以内的数奠定基础。

设计思路:

(1)多种感官感知,区别"1"和"许多"。可以通过开展"看一看""摸一摸""听一听""跳一跳"等活动,让幼儿运用视觉、触觉、听觉等感知物体是"1"个还是"许多",从而理解"1"和"许多"都可以表示物体的数量;

(2)分合操作,理解"1"和"许多"的关系。提供材料让幼儿进行分与合的操作活动,使幼儿初步理解"1"和"许多"的关系;

(3)寻找活动,在生活中学会运用"1"和"许多"。

3.比较两组物体数量的相等和不等

比较两组物体数量的相等和不等,就是不用数数,而是用一一对应的方法,比较两个集合中元素的数量,是一样多还是不一样多。

(二)活动案例及评析

活动案例 6-1

小班数学活动:"帮'积木宝宝'回家"

活动目标

(1)能按积木颜色进行分类,并能用简练的语言说明分类原因。

(2)乐于参与数学操作活动,学习帮助和关心别人,喜欢和大家一起游戏。

活动准备

(1)小花猫布偶一个,标有不同颜色标记的收纳盒(分类盒)四个。

(2)红、黄、蓝、绿色积木若干个,总数目要多于班上幼儿人数。

(3)背景音乐:音乐磁带《找朋友》,录音机。

(4)幼儿已有了初步的认识红、黄、蓝、绿四种颜色的经验。

活动过程

1.创设情境,激发兴趣

师:"小朋友们,今天我们班来了一个新朋友,大家想不想看看是谁啊?(出示小花猫布偶)新朋友的名字叫'淘气'。'淘气'是第一天来我们幼儿园,大家想不想和它一起玩呀?"

2.观察积木,熟悉颜色

师:"'淘气'给我们带来了好多'积木宝宝',但它来得匆忙,'积木宝宝'都被它混在一起了,请你先观察,看看这里有几种颜色的积木宝宝?"(红、黄、蓝、绿)

3.操作练习,学习分类

(1)师:"小朋友,'淘气'把'积木宝宝'的家也带来了,我们再来认认'积木宝宝'的家,请你们说一说'积木宝宝'的家有几种颜色?"

小结:"淘气"带来了四种颜色的"积木宝宝"的家,有红、黄、蓝、绿。

(2)师:"'淘气'想请我们班的小朋友先帮帮忙,把'积木宝宝'送回家。小朋友,你们愿意帮助'淘气'吗?"

(3)了解分类方法。

师:"你们看,有四种颜色的'积木宝宝',它们的家也有四种颜色,红色的'积木宝宝'的家是哪个? 你是从什么地方看出来的?"(教师引导幼儿观察盒子上的颜色标记与积木的颜色)

小结:我们要把红色"积木宝宝"送回红色盒子里,黄色"积木宝宝"送回黄色盒子里,蓝色"积木宝宝"送回蓝色盒子里,绿色"积木宝宝"送回绿色盒子里。

(4)幼儿操作。

师:"请你们按颜色把积木分别放入盒子里。"(幼儿操作时,放背景音乐,教师观察并指导,如教师提问:"你们为什么把这些积木都放在这个盒子里?"引导幼儿说出"把×颜色放在一起""它们都是×色的")

4.游戏巩固,分享快乐

(1)游戏:"送礼物"。

师:"'淘气'太感谢你们了,帮'积木宝宝'回了家! 它想把这些'积木宝宝'送给小朋友,只要小朋友说出自己想要的积木颜色,如'我想要一个红色的积木',它就把那个颜色的'积木宝宝'送给你。"

(2)游戏:"找朋友"。

①让幼儿说说自己得到的是什么颜色的"积木宝宝",然后按颜色玩"找朋友"的游戏。

②放音乐《找朋友》,幼儿游戏。

③提问:你们是怎样找到自己的朋友的? 你拿的积木颜色和好朋友的一样吗? 你们拿的都是什么颜色的积木?

活动延伸

(1)在区域活动中,教师可以利用幼儿常见的实物让幼儿进行归类活动。例如:不同的瓶盖、纽扣、树叶等。

(2)让家长指导幼儿对自己的物品或对家中的小物品进行分类摆放。

案例评析

该活动以布偶玩具"淘气"激发幼儿参与活动的兴趣,用"淘气"送礼物自然导入活动。首先让幼儿学会逐一辨认(区分)颜色,这是学习分类的第一步;然后是对积木与它们的

"家"进行分析,找出共同点;最后幼儿通过帮助"积木宝宝"回"家",在辨认颜色的基础上学会将同类颜色积木放在一起,这是活动的难点。教师通过示范、口头指示,让幼儿操作并用简练的语言说出分类的原因,帮助幼儿掌握分类的方法。最后的游戏活动,有助于幼儿复习巩固,将活动推向了高潮。在整个活动中,激发幼儿与人、与物互动,充分发挥了幼儿的主观能动性,有助于培养幼儿感知和比较的能力。此外,幼儿有序整理物品的能力和习惯也得到了很好的提升。

二、认识 10 以内"数"的概念的教育活动设计与指导

(一)认识 10 以内"数"的概念的设计思路

幼儿"数"概念的形成,包括以下几个部分:掌握 10 以内基数的实际意义;10 以内序数;10 以内相邻数及等差关系;10 以内数的守恒;读写 10 以内数字、10 以内数的组成和 10 以内数的加减法。而计数活动是幼儿形成初步"数"的概念的基本活动,即手口一致(口说着数字、手点着实物)使每个数字与集合内的每一元素建立起一一对应的关系。幼儿计数能力的发展一般经历口头数数、按物取数、说出总数和掌握数的守恒这几个阶段。

1.认识 10 以内基数的设计思路

(1)按物点数;

(2)运用各种感官计数;

(3)理解数的形成;

(4)按物取数,按数取物;

(5)理解数的守恒;

(6)倒数和接数。

2.认识 10 以内序数的设计思路

(1)借助讲解演示,让幼儿理解序数的含义;

(2)运用计数的方法确定序数;

(3)说明确定序数的方向;

(4)通过操作和游戏活动进行练习;

(5)结合其他领域教育活动和日常生活练习。

3.认识 10 以内相邻数的设计思路

(1)借助讲解演示,让幼儿理解相邻数的含义;

(2)探索相邻数的规律;

(3)游戏活动。

4.认识 10 以内数的组成的设计思路

(1)让幼儿操作并学会做记录;

(2)让幼儿探索数的组成规律；

(3)巩固活动。

5.认读和书写阿拉伯数字的设计思路

(1)运用多种教具,结合数数,讲解数字的意义；

(2)用比喻法让幼儿记住字形；

(3)用比较法让幼儿区分形近数字、读准字音；

(4)用游戏法让幼儿体验数字与物体数量的关系；

(5)示范、讲解书写姿势；

(6)让幼儿进行书写练习。

6.10 以内数的加减法的设计思路

(1)让幼儿学习自编口述应用题；

(2)让幼儿学习实物加减；

(3)让幼儿学习列式运算；

(4)让幼儿认识零和得数是零的运算。

(二)活动案例及评析

活动案例 6-2

大班数学活动:"仿编 4 以内的加法应用题"

活动目标

(1)能看图片尝试仿编 4 以内的加法应用题,理解加法的含义。

(2)初步感知加减应用题,为学习加减运算做准备。

(3)在看、听、想、说、做中感受合作与竞争的氛围,体验数学的魅力。

活动准备

(1)设置超市的场景:有水果店、服装店、菜市场和书店(物品均为卡片,每种物品的数量都是 4 个以内)。

(2)设置玩具店场景:有玩具汽车 4 辆(其中,3 辆卡车、1 辆小汽车;2 辆红色的、2 辆黄色的)。

活动过程

1.创设情境,激发兴趣

(1)师:"今天老师要和小朋友玩'超市'的游戏,你们看,老师这个水果店里有哪些水果?"(苹果、梨子、香蕉等)

(2)介绍游戏玩法。

教师当售货员,请一个幼儿当顾客,选定一种水果,分别买两次。

(3)提问:刚才××小朋友先买了 1 个红苹果,又买了 3 个青苹果,他一共买了几个苹果?(4 个苹果)

2.幼儿仿编加法应用题

(1)刚才老师给小朋友提了一个什么问题?("一共有几个苹果?")

(2)小朋友们是怎么回答的?("一共有4个苹果。")

(3)你们怎么知道一共是4个苹果?

因为老师告诉我们:××先买了1个红苹果,又买了3个青苹果,一共就有4个苹果。

(4)小结。

分别把两次买的苹果用数卡表示,问题用问号表示,并出示在黑板上。

①刚才老师告诉大家××小朋友先买了1个红苹果(出示数字1)。

②后来又买了3个青苹果(再出示数字3)。

③老师告诉你们几个数字?("两个。")对,两个数字。

④然后老师问了一个什么问题?("一共买了几个苹果?")

3.幼儿学习编题

师:"刚才老师给小朋友提了问题,也请小朋友给大家提问题,好不好?"(教师出示教具,让幼儿编题)

(1)出示4辆汽车,提问:"这是什么?这些汽车有什么地方不一样?谁会用这些玩具汽车编加法应用题?"并请幼儿回答。

(2)鼓励幼儿用这4辆汽车编出与别人不一样的应用题。如,按不同种类编、按不同颜色编、按不同大小编,并请其他幼儿回答。

(3)小结:刚才这两个小朋友编题的时候也同样告诉别人两个数字,最后也提一个问题请别人回答。

4.独立自编口述应用题,对幼儿提出编题要求

(1)这么多的小朋友都想编题,那么今天老师给小朋友准备了很多东西,请小朋友玩"超市"的游戏,有的扮演售货员,有的扮演顾客。小朋友买完了物品,就编题目问大家,看看谁编得最好。

(2)幼儿分组,教师巡回观察,了解幼儿编题情况,强调最后一句话不能说出答案,而是要提出一个问题考考其他小朋友。

5.讨论

教师请2~3个幼儿向大家展示自己买的物品,并说出自己编的应用题。其他幼儿集体讨论,鼓励编得好的幼儿,帮助编得不正确的幼儿纠正错误。讨论中,应强调题目中的重点是最后要提出一个问题。

活动延伸

家长带幼儿逛超市,让幼儿实际参与购物活动,并编应用题,然后计算一下自己的花费,让幼儿真切地感知加减法运算与我们生活的关系。

案例评析

本次活动以"超市"作为幼儿的学习环境,以仿编4以内的加法应用题为主线,幼儿充分运用自己的经验进行仿编活动。在整个活动中,教师用问题的形式引导幼儿掌握应用

题的结构,以直观教具帮助幼儿尝试仿编应用题,让幼儿学习独立编口述应用题。教师与幼儿一同参与游戏,巧妙地将幼儿设在不同发展水平层次上,每个层次都有新的挑战。使幼儿在愉悦的氛围中玩学合一,获得新的知识、技能和经验,体验成功的快乐。

三、认识量、形、时间、空间方位的教育活动设计与指导

(一)量、形、时间、空间方位的教育活动的设计思路

1.认识量的教育活动的设计思路

(1)量的比较设计思路:运用各种感官,感知物体的量;运用重叠法、并放法,比较物体的量;运用寻找法,描述物体的量;运用游戏法区别物体的量。

(2)量的排序设计思路:示范讲解→动手操作→探索物体序列中的规律。

(3)量的守恒设计思路:运用单个物体量的变式→运用同等量的两份物体进行比较→运用数表述量的守恒→渗透整体与部分关系的思想。

(4)自然测量设计思路:讲解示范,教幼儿学习自然测量→实际操作→幼儿自己动手学习测量→探索和初步理解测量工具与测量结果之间的关系。

2.认识形的教育活动的设计思路

(1)运用多种感官感知图形,认识图形的基本特征。

(2)通过图形间的比较,掌握图形的基本特征。

(3)通过操作或游戏等多种活动,巩固对图形的认识。

3.认识时间的教育活动的设计思路

(1)通过日常谈话或日常活动,帮助幼儿认识时间。

(2)游戏活动。

(3)看图说话。

(4)多种方法认识时钟,学会看整点和半点。

4.认识空间方位的教育活动的设计思路

(1)以自身为中心认识"上下""前后""左右"。

(2)以客体为中心认识"上下""前后""左右"。

(3)在操作活动中,认识"上下""前后""左右"。

(4)在一日活动或游戏中,认识"上下""前后""左右"。

(二)活动案例及评析

活动案例 6-3

大班数学活动:"教你来分左和右"

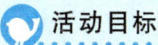 **活动目标**

(1)在"贴红花""听口令"活动中,能以自身为中心区别并说出"左右"方位的物体。

（2）两两合作和在"蝴蝶飞"游戏中,尝试以客体为中心区分"左右"。

（3）通过游戏,感受数学就在身边,并从中获得积极的情感体验。

活动准备

小红花贴纸若干、工艺品小蝴蝶一只。

活动过程

1.情景导入

师:"小朋友,老师为你们每人准备了一个漂亮的小红花,请你们把它贴在自己的右手上好吗?"

师:"小朋友,现在你们哪只手上贴了小红花?哪只手上没有?"(引导幼儿正确区分自己的左右手,对判断准确的幼儿进行表扬)

2.区分左右手

（1）谈话:我们都有一双手,一只左来一只右,哪只是右手?哪只是左手?请你举手告诉我。

（2）讨论:左手和右手都有哪些本领?

引导幼儿从多角度讨论左右手的作用,例如:你吃饭的时候右手拿什么?（碗、筷子或勺子）你写字用哪只手?拍球用哪只手?

3.游戏:"听口令"

（1）举举:

教师指示:"举起你的右（左）手。"幼儿边举起右（左）手边说:"举起我的右（左）手。"

（2）捏捏:用右手捏右耳,用左手捏左耳;用右手捏左耳,用左手捏右耳。

（3）拍拍:用右手拍右腿,用左手拍左腿;用右手拍左腿,用左手拍右腿。

4.区分客体的左右

（1）小朋友都能分清自己的左右,谁能来帮老师找找,哪只是我的右手?哪只是我的左手?（请一个幼儿给教师右手贴上小红花标记）

（2）教师出示左手,请幼儿出示左手;教师出示右手,请幼儿出示右手。（引导幼儿发现:原来当老师和小朋友面对面的时候,左右手是相反的）

5.游戏:"我说,你做"

（1）示范游戏:

教师请一个幼儿和自己面对面站立,教师指示:"拍拍我的右手",幼儿拍拍教师右手。

（2）请幼儿两两合作,面对面进行游戏,相互为对方找出左右手。

6.游戏:"蝴蝶飞"

一名幼儿手拿"蝴蝶",听教师指令:"请让小蝴蝶飞到××小朋友左肩上。"幼儿学蝴蝶飞,并按指令把"蝴蝶"放置在××小朋友左肩上。

活动延伸

（1）在语言活动中,说一说:我的左手和右手能干什么?

（2）可在日常生活中随机进行区分左右手的活动。

案例评析

　　能以自身为中心和以客体为中心区别并说出物体的"左右"方位,是对大班空间方位的教学要求。本次活动以情景导入,通过找出自己的右手、讨论左手和右手"有哪些本领"来以自身为中心区分左手和右手。第三个环节玩游戏"听口令",让幼儿在动作操作中分辨左手和右手,熟悉、掌握左边和右边。第四个环节是本活动的重点和难点环节,通过找出与自己面对面站立的教师的右手来区分以客体为中心的"左右"。第五、六个环节再次用方位游戏加强幼儿对以客体为中心的"左右"方位的认识和理解。活动环节安排紧凑、层次分明,运用循序渐进的多种游戏形式让幼儿快速地掌握相关知识,在愉快的游戏中体验空间方位学习的快乐。

本章习题

一、名词解释
　　1.幼儿数学教育　　　　2.操作法　　　　3.计数活动

二、简答题
　　1.幼儿数学教育有什么意义?
　　2.幼儿数学教育的总目标是什么?
　　3.简述幼儿数学教育的内容有哪些。
　　4.幼儿数学教育常用的方法有哪些? 如何运用操作法?
　　5.幼儿认识 10 以内数概念的教育内容有哪些?

三、案例评析题
　　浏览下面幼儿园数学教育活动教案,尝试对该活动方案进行评析。

大班数学活动:昨天、今天、明天

【活动目标】

(1)结合日常生活,使幼儿知道昨天、今天、明天的含义,并在日常生活中运用这些词汇。
(2)培养幼儿珍惜时间的好习惯。

【活动准备】

(1)要选择在星期五的上午进行,准备"今天"及"明天"幼儿园生活及家庭生活的挂图。
(2)PPT 课件:"昨天、今天、明天"。

【活动过程】

1.故事引入

　　吃过晚饭,小明坐在小板凳上一动不动地看着月亮,妈妈叫他睡觉,他也不去。妈妈问他为什么不睡觉,他说:"我一睡觉,今天就过去了,我要是不睡觉,不就总是今天吗?"妈妈笑了,说:"傻孩子,不管你睡不睡觉,太阳一落山,今天就要过去了,太阳从东方升起,直到从西边落下去,就是一天。每一天都有自己的昨天,每一天都有自己的明天。"

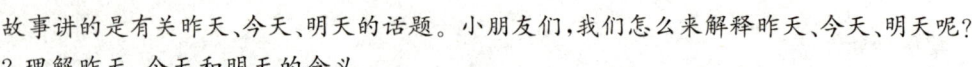
故事讲的是有关昨天、今天、明天的话题。小朋友们,我们怎么来解释昨天、今天、明天呢?

2.理解昨天、今天和明天的含义

(1)理解"昨天"。

谈话:昨天小朋友在家里都做了什么呀?

引导幼儿了解并用语言表达出"昨天"是指刚刚过去的一天,是今天的前一天。

(2)理解"今天"。

谈话:今天早上是谁送你到幼儿园的?现在是早晨;过一会儿我们要上课,还要游戏,这是上午;吃过午饭后,我们睡午觉,做游戏,这是下午;爸爸妈妈来接我们回家,吃过晚饭,我们大家看电视就是晚上了。这就是我们今天的活动内容。

出示今天生活内容的挂图,请幼儿讲述今天的活动内容,问这些活动是在哪天要做的事。

引导幼儿了解并用语言表达出"今天"指的是我们正在度过的一天。

(3)理解"明天"。

提问:"今天晚上大家睡觉后,将会在明天早上醒来,那么明天,你希望做些什么事?"

引导幼儿了解并用语言表达出"明天"是将要过的一天,过完了"今天""明天"才会到来。

3.表演昨天、今天和明天的生活

根据某三个幼儿谈话的内容,请三组幼儿分别表演昨天、今天和明天的生活和活动(模仿动作),同时用语言表述清楚:"昨天我做了什么事情","今天我正在做什么事情","明天我准备做一些什么事情"。

4.观看PPT课件:"昨天、今天、明天",讨论以下内容

(1)小老鼠奇奇,昨天做了什么?今天做了什么,明天准备做什么?

(2)请小朋友说说自己昨天做了什么,今天又都做了些什么,明天你准备做些什么。

【活动延伸】

(1)回家问爸爸、妈妈昨天做了什么,今天做了什么,明天准备做些什么。

(2)游戏:打电话。

设置打电话情境,一问一答,昨天做了什么,今天做了什么,明天准备做些什么?

(3)当时间进行交替的时候,教师和家长要注意引导幼儿体会。

四、设计题

1.设计"5的组成"教育活动方案。

2.设计"认识平面图形"教育活动方案。

3.设计"5的减法"教育活动方案。

第七章

幼儿园美术教育活动设计与指导

第一节　幼儿园美术教育活动概述

一、幼儿美术教育的含义

美术是指将有形的物质材料，运用线条、色彩、明暗、面体的组合，创造有空间、有美感、可视的平面或立体形象，以反映客观事物，表达作者的思想感情和美化生活的一种造型艺术或视觉艺术。美术来源于社会，能全面地反映社会生活；它是人们对社会生活、对世界的一种认识；它既能反映现实美，又能创造艺术美。

幼儿美术是幼儿所从事的造型艺术活动，它应该涵盖幼儿与美术（视觉艺术与操作）之间所发生的一切关系。一般包括以下几个方面。

（一）幼儿对美术语言的思考、领悟（审美思维）

幼儿对美的感悟，是幼儿对视觉艺术领悟与认识的开端。从孩子降生到这个世界开始，就在点点滴滴地进行视觉积累与审美学习。如，知道太阳是红色的，小草是绿色的；我喜欢圆圆的太阳，美丽的小草……幼儿在不断接受环境的影响进行审美选择的同时，审美思维也逐渐得到发展。这既是幼儿美术学习的基础，也是幼儿美术的组成部分。

（二）幼儿对美术材料的操作游戏

幼儿对美术材料的尝试与操作使得他们开始了美术造型活动。幼儿操作使用的美术材料包括笔、黏土、剪刀、纸张、颜料等，这些都是幼儿喜欢尝试与操作的材料。幼儿操作材料进行美术造型活动的过程实际上就是游戏的过程，他们画出一个个小人儿，剪出一张张贴花，做出一个个彩蛋，如同他们在玩玩具一样，只是玩法不同而已。这样能使幼儿享受到制作的快乐，激发幼儿创作的兴趣与欲望。同时，使他们对艺术语言与材料有了相当的认知与经验，成为其美术创作的技巧储备。

（三）幼儿的美术创作过程与作品（表达、表现）

幼儿的美术创作过程实际上是幼儿借美术语言来表达自己对周围世界的认识、情感和思想的过程。幼儿的作品是他们运用线条、形状、色彩和不同的材料描绘塑造的所见所感。有时是对熟悉喜爱的人物、事物的描绘，有时是对周围环境不满的改造，有时是对自己喜怒哀乐的抒发……幼儿运用美术语言所做的表达、表现，促成了他们与周围世界的沟通、交流，同时也享受这一过程带来的安慰与回应。

总之，幼儿以自己的审美经验，运用艺术材料游戏般地体验创作与表达，并以视觉形式

来传达他们对世界的理解与思考。因此,幼儿美术教育活动是满足幼儿感受美的需要的情感教育活动,是以培养幼儿创造能力为核心的一种创造教育活动,是幼儿在教师指导下所进行的一种操作活动。幼儿美术教育是以幼儿美术为手段,实施全面和谐发展教育的重要学科,是促进幼儿心理及其整体素质发展的良好途径。

 二、幼儿美术教育对幼儿全面发展的作用

幼儿美术教育
对幼儿全面
发展的作用

(一)美术是幼儿学习、认识世界的另一种语言

幼儿天生喜欢画画,绘画既是幼儿自我表现的机会,也是其表达思想、宣泄情绪、想象、创造自己的多彩世界的另一种语言。同各种语言学习一样,幼儿在美术活动中能得到成人的鼓励、教导和帮助,从而使幼儿乐于使用并慢慢擅长美术这种符号化的表达方式。而成人通过解读他们的画,就能了解幼儿的想法与行为,走进他们的内心世界。因此,我们要把幼儿的画当作一种语言来解读,而不是仅仅苛求其如成人绘画般完整、清晰的效果。

(二)美术是对幼儿实施审美教育的重要途径

美术作为一种语言、技能和文化,对它的理解和表现需要通过一定的学习来完成。从美术的角度讲,对幼儿实施审美教育主要包含以下两大方面的内容。

1.美术对幼儿心灵的影响

美术是一种视觉艺术,在美术活动中,帮助幼儿运用感觉器官欣赏各种美术作品,能陶冶幼儿的情操,丰富幼儿对美的视觉体验,激发幼儿的审美情感。同时,通过成人的引导,促进幼儿与这个世界的理解与交流,树立起健康的审美情趣。

2.美术对幼儿美术能力的影响

在美术活动中,能促使幼儿学习多种美术技巧。幼儿要摆弄各种美术工具与材料,体验美术形式与构成;在摆弄的过程中要动手操作,如执笔、画线、涂色、较为精确地剪纸、折纸、捏泥等,从而培养幼儿的审美感知、审美想象和审美创造的能力。

(三)美术是统合幼儿个性与社会性,促进幼儿身心健康和谐发展的有效途径

一方面,美术与各领域的整合,幼儿在各领域的认知与情感都能通过美术形象性来呈现,从而促进各领域的学习效果;另一方面,在集体美术活动中,幼儿交流与合作的能力增强了;在美术创作过程中,专心、耐心、克服困难坚持完成工作的习惯在养成;在幼儿的作品被认可与接受的同时,一种因自我肯定而产生的愉悦感在增强。除此之外,美术活动还是幼儿自由地表达自己的观点,抒发内心的情感,获得心理平衡的最安全有效的方式。因此,我们要认识到美术在促进幼儿向更完善的社会人迈进的意义。同时,也要意识到,美术教育过程首先是一个精神成长的过程,是幼儿的感情、知觉、智慧、美感、心灵等各个方面统合的成长;然后才成为科学获知过程的一部分。所以,美术教育是一种真正的塑造人的教育。

三、幼儿园美术教育的总目标

（1）通过线条、形体、色彩等要素初步感受周围环境和美术作品中的形式美和内容美，对美具有敏感性。

（2）积极投入美术活动并通过各种造型要素自由表达自己的感受，体验美术创造的乐趣。

（3）初步尝试不同美术工具和材料的操作，并用自己喜欢的方式大胆地表现出来。

这一总目标是确定幼儿园美术教育其他层次目标的依据，是幼儿园美术教育活动目标最概括的表述。它体现了审美教育的性质，强调要培养幼儿的审美感知、审美情感和审美创造等基本能力，并指出了达到这一目标的途径，即通过教师引导幼儿对周围环境和美术作品的欣赏，幼儿在美术活动中自由自在的表达，以及幼儿对美术工具和材料的操作，对线条、形状、色彩、构图等美术形式语言的学习与使用来进行。

四、幼儿园美术教育的年龄阶段目标

在幼儿园美术教育总目标的指导下，制定了幼儿园小、中、大班绘画、手工、欣赏三种不同类型的美术活动的目标。

1.绘画教育目标

小 班

① 喜欢参加绘画活动，体验绘画活动的快乐，培养对绘画活动的兴趣，养成大胆作画的习惯；

② 认识油画棒、蜡笔、水彩笔、水粉画笔和纸等绘画工具和材料，掌握其基本使用方法，养成正确的握笔方法和作画姿势；

③ 学会画线条和简单形状，并用于表现日常生活中熟悉的简单物体的轮廓特征；

④ 学会认识红、黄、蓝、绿、橙、棕、黑、白等颜色并选用多种颜色作画；

⑤ 学会区分并尝试画出主体色和背景色，培养对使用颜色的兴趣；

⑥ 学会在画面的中心位置安排主要形象，并把它画大些。

中 班

① 进一步掌握多种绘画方法，体验绘画的快乐；

② 初步学会用各种线条表现感受过的物体的基本结构和主要特征；

③ 认识 12 种颜色并学会辨别同种色的深浅，学会用较丰富的颜色作画；

④ 初步学会在画面上安排物体的上下、左右关系。

大 班

① 学会利用多种绘画工具和材料,运用不同技法表现自己独特的思想和感受,体验创造的快乐。

② 初步学会完整地表达感受过的,或想象中的物体的动态结构和简单情节。

③ 学会深浅、冷暖颜色的搭配,并初步学会根据画面的需要,恰当地使用颜色表现自己的情感。

④ 学会表现前后、远近等简单的空间关系及主体与背景的关系。

2.手工教育目标

小 班

① 喜欢参加手工活动,体验手工活动的快乐,培养对手工活动的兴趣并愿意尝试各种手工工具和材料,培养安全、卫生、整洁的手工活动习惯;

② 初步学会用糨糊、胶水等粘贴沙子、种子等点状材料;

③ 初步学会撕、拼贴、折(对边折、对角折)、印纸等面状材料;

④ 体验泥的可塑性,初步学会用搓、团圆、压扁、黏合的方法塑造简单的立体物象。

中 班

① 学会正确使用多种手工工具和材料,喜爱各种手工活动;

② 学会用比小班丰富、复杂的点状材料粘贴出简单的物象;

③ 学会用纸折出(按中心线折、双正方形折、双三角形折)剪出简单的物象;

④ 学会用捏的方法塑造简单的立体物象,并能用泥塑造平面的物象;

⑤ 初步学会用点状、线状、面状和块状的自然物和废旧材料制作玩具。

大 班

① 较熟练地使用和选择手工工具和材料,创造性地表现自己的意愿;

② 学会用多种点状材料拼贴物象,表现简单的情节;

③ 初步学会用多种技法将纸折出物体的各个部分,组合成整体物象;

④ 学会用目测的方法将纸等面状材料分块剪、折叠剪来拼贴平面的物象或制作立体的物象;

⑤ 学会用伸拉的方法并配合其他泥工技法塑造结构较复杂的物象,表现主要特征和简单细节;

⑥ 初步学会综合运用各种工具、材料和技法制作教具、玩具、礼品、演出服饰、道具等布

置环境,并注意装饰美丽。

3.欣赏教育目标

小 班

① 喜欢参加美术欣赏活动,体验美术欣赏活动的快乐,培养集中注意力观察欣赏的习惯;

② 学会欣赏具有鲜明色彩和简单造型的物品和美术作品,能对这类形象感兴趣;

③ 学会欣赏同伴的美术作品。

中 班

① 学会欣赏与生活经验有关的、能理解的成人美术作品、同伴美术作品、日常生活中的玩具、生活物品、节日装饰、环境布置等,产生与作品等相一致的感觉和情感。培养关注具有美感的事物;

② 欣赏并初步理解作品形象和作品主题的意义,知道美术作品能反映现实生活和人的思想感情;

③ 初步欣赏并感受作品中形象的造型美,色彩的变化与统一美,构图的对称与均衡美。

大 班

① 学会欣赏感兴趣的绘画、工艺、雕塑、建筑等艺术作品,培养初步发现周围环境和美术作品中美的事物的能力;

② 了解作品简单的背景知识,进一步感受和理解作品的形象和作品主题的意义,知道美术作品如何反映现实生活和人的思想感情;

③ 欣赏并感受作品中形象的造型美,色彩的色调及其情感表现性,构图的对称、均衡、韵律与和谐美;

④ 能积极主动地参与美术欣赏活动,学习用语言、动作、表情等表达自己对作品的感受和想象。

年龄阶段目标是幼儿美术教育活动总目标在幼儿各个年龄阶段的具体分解和落实。阶段目标按年龄班提出了不同层次的要求,考虑了幼儿的最近发展区,即符合教育不仅要适应幼儿发展的水平,而且要能促进幼儿发展的原则;同时,还为单元目标和具体教育活动目标的制定指明了方向。

第二节 幼儿园美术教育的内容

幼儿园美术教育内容是指幼儿园美术教育中幼儿所要学习的形式、美术内容及其运用的总和。幼儿美术教育内容的选择应遵循幼儿心理逻辑和生活逻辑，还应考虑美术学科所具有的独创和审美这一本质特点。

一、幼儿园美术教育的内容

幼儿园美术教育的内容

在幼儿园，美术教育的内容一般可分为绘画、手工、欣赏三大方面。

1.幼儿绘画的教育内容

幼儿绘画教育活动是幼儿学习运用简单的绘画材料和工具（如，蜡笔、水彩笔、油画棒、水粉颜料和各种纸张等），通过线条、形状、色彩、构图等手段，创造可视的形象，以表达自己审美感受的一种美术教育活动。它的主要内容有如下几点。

（1）绘画工具和材料的认识和使用。

① 了解各种绘画工具和材料的性质。例如，油画棒的油性，水彩颜料的水性，宣纸的渗透性等。

② 掌握各种绘画工具和材料的正确使用方法。从不同的工具和材料看，幼儿可学习蜡笔画、彩色铅笔画、彩色水笔画、彩色粉笔画、水粉画、棉签画、指点画、印章画、蜡笔水粉画、纸版画等。

（2）学习用线条、形状、色彩、构图来表现自己的生活感受和想象。

① 线条：有线条的形态和线条的变化。

② 形状：幼儿对形状的学习主要包括基本几何形状的组合以及自然形体等。

③ 幼儿对色彩的学习主要包括色彩的色相、明度的辨认和色彩的运用。

④ 构图：幼儿需要逐步学习如何处理绘画中形象的分布和主次关系。

（3）学习正确的绘画姿态、握笔方法和集中注意力完成作品等良好的绘画习惯。

2.幼儿手工的教育内容

幼儿手工教育活动是幼儿学习运用不同的工具和材料（如，点状、线状、面状、块状等材料），通过贴、撕、剪、折、塑等手段制作不同形态的物体形象，以表达自己的审美感受和美化生活的一种美术教育活动。它的主要内容有：

（1）学习多种手工工具和材料的使用方法。例如，点状材料的粘贴，线状材料的粘贴、缠绕，面状材料的粘贴、撕、剪、折，块状材料的粘贴、塑造、切割、组合等。

（2）学习塑造和制作不同形态的手工制品来表现自己的意愿，美化生活。

（3）在塑造和制作活动中，学习锻炼手工动作的协调和灵巧。

（4）学习干净、整洁、有序等良好的手工活动习惯。

3.幼儿美术欣赏的教育内容

幼儿美术欣赏活动是幼儿通过对美术作品、自然景物及周围环境中美好事物的认识和欣赏，了解对称、均衡等形式美的初步概念，感受造型、色彩、构图等的情感表现，体验美术欣赏的快乐，从而丰富其美感经验，培养审美情感和审美评价能力的一种教育活动。它的主要内容有：

（1）学习欣赏幼儿可理解的各种美术作品、自然景物和周围环境的造型、色彩、构图，以及所表现的对称、均衡等形式美；

（2）学习欣赏幼儿可理解的各种美术作品、自然景物和周围环境的内容美；

（3）学习用语言、动作、表情等表达自己的审美感受；

（4）了解作品的背景知识，如艺术家的生平、作品的时代背景、创作风格等；

（5）逐步养成集中注意力观察、欣赏的良好习惯。

二、幼儿园美术教育内容编排的要求

幼儿园美术教育内容是实现教育目标的载体，选择与编排美术教育内容必须依据幼儿美术教育的目标，必须符合幼儿美术发展的规律与年龄特点。具体来说，内容的选择与编排应注意以下几个方面。

1.依据幼儿的生活经验

选择符合幼儿的兴趣和需要、幼儿感知过并有积极情感体验的现实生活内容，易于被幼儿接受和理解。比如：在大班幼儿参观海底世界后，安排绘画活动——"海底世界"，这个内容是幼儿直接感知过的，能激发幼儿创作的激情和欲望。

2.具有审美性

从《幼儿园工作规程》中幼儿美育目标"培养幼儿初步的感受美和表现美的情趣和能力"中，我们知道，幼儿美术教育属于审美教育的范畴，美术教育的根本任务应该是对幼儿进行审美教育。因此，在幼儿美术教育活动中，必须选择符合幼儿认识美的特点的内容，引导幼儿充分感知，丰富和发展幼儿的审美情感，培养幼儿的审美表现能力，进而健全和完善幼儿人格。比如：在春天来临时，教师带领幼儿到大自然中去看看、听听、摸摸、闻闻，充分感知春天的美丽，进而通过绘画创作，激发幼儿热爱春天、热爱大自然的美好情感。

3.具备联系性

美术活动的内容编排应注意纵向顺序和横向联系。纵向顺序是指，同一种类美术活动内容之间的纵向排列。比如：美术欣赏活动内容，小班安排欣赏"大班哥哥姐姐的画""秋天的水果""秋天的树叶""布娃娃""小花伞"等幼儿生活中熟悉并直接接触到的美好事物；中班安排"布老虎""民居建筑""节日的环境"；大班安排梵高的作品"向日葵""剪纸""茶具"，徐悲

鸿的"奔马"等。这些美术教育内容在帮助幼儿建构审美心理结构方面是有序的、连续的、层层推进的，同时也是由易到难、由简单到复杂逐步深化的。

横向联系是指不同种类美术活动之间的相互联系。如，在绘画活动中，安排画"糖葫芦"；在手工活动中，安排做"糖葫芦"；又如，欣赏过"美丽的窗花"后，安排手工"剪窗花"，再将剪好的窗花进行环境布置。这种横向联系内容的安排，能帮助幼儿从各种角度认识、感知事物，学习多种表现技能，体会同一事物的不同形式美。如，画的糖葫芦是平面的，而手工做的糖葫芦是立体状的，作品的呈现状态和活动的过程带给幼儿的审美感受是不一样的。

4.具有整合性

艺术来源于生活，幼儿美术活动的内容来源于幼儿的生活。其他领域的活动带给幼儿的经验，必然产生丰富深刻的体验，积淀于幼儿的生活之中。因此，幼儿美术活动的内容往往可以选择语言、科学、社会、健康等领域的活动内容。如，社会领域中，有认识了解国旗、长城、天安门、家乡等内容，美术活动内容可以选择画国旗、长城、天安门、美丽的家乡等。又如，中班语言活动"吹泡泡"(星星是月亮吹出的泡泡，露珠是小草吹出的泡泡，葡萄是藤儿吹出的泡泡……)之后，美术活动可选择画吹泡泡的内容。这种整合，可以帮助幼儿建立起各种学习内容之间的内在联系，巩固他们对周围事物的认识和理解，提高综合素质。

5.具有灵活性

正是因为幼儿在美术活动中所表现的是自己所看、所听、所接触到的，所以美术教育内容选择的恰当与否，直接影响幼儿表达认识、抒发情感的效果。在选择美术教育的内容时，要考虑到不同地区、不同时间、不同场合，灵活安排。农村幼儿园，可多选择具有农村题材的内容，如劳动的场景、庄稼的丰收场景等；春天可多安排描绘自然景物的内容，如"草地上的鲜花""蝴蝶飞、花儿美"等；节日前，可安排手工"环境布置"，欣赏城市披上的节日盛装等；又如，原来安排手工活动"折飞机"，却发现下雨了，教师也可临时更换活动的内容，让幼儿观察下雨天的景物特征和人物动态，开展绘画活动。

灵活性的内容安排，能更好地激发幼儿表现与创造的欲望，在美术活动中得到情感上的愉悦体验，从而对活动产生兴趣和信心。

第三节　幼儿园美术教育活动指导要点与设计

 一、幼儿园绘画活动的设计与指导

绘画是一种视觉艺术、材料艺术、造型艺术，它是通过造型、色彩、构成等来塑造艺术形象的一种艺术形式。幼儿绘画活动是幼儿园美术活动中最主要的活动形式。幼儿园绘画从

题材内容和形式上可分为命题画活动、意愿画活动、装饰画活动。

幼儿园绘画
活动的分类

(一)幼儿园绘画活动的分类

1.命题画活动(又称主题画活动)

命题画活动是由教师确定集体绘画的主题与要求,幼儿按照绘画的主题与要求作画。命题画活动是幼儿园绘画活动的一种重要绘画活动形式。

命题画活动的主要作用在于,帮助幼儿学习绘画基本造型、设色(选色、涂色、配色等)与构图等艺术形式语言;并对发展幼儿对周围现象的观察力、描绘物体的表现力和培养创造性想象方面起着一定的作用。在幼儿园命题画活动中,根据内容的不同,习惯上将命题画活动分为物体画活动和情节画活动。

2.意愿画活动(又称自由画活动)

意愿画活动是幼儿根据自己的生活经验,由自己独立确定绘画主题和内容,运用所掌握的美术知识和技能,自由地表达自己的情感、愿望的一种绘画活动形式。

意愿画活动强调幼儿要通过自己的想象和思维来作画,它对幼儿没有任何约束,只要求幼儿对自己看到的、听到的、想到的内容大胆地进行加工组合,组成一张新的有一定情节的画面。因此,意愿画的学习对发展幼儿的想象力、创造力,培养幼儿大胆、主动的表现能力,有着特殊的意义和作用。

3.装饰画活动(又称图案画活动)

装饰画活动是幼儿运用各种花纹、色彩在各种不同的生活用品的纸型上对称地、和谐地、有规则地进行美化、装饰的一种绘画形式。

装饰画属于工艺美术的一种,它突出的特点是花纹优美、色彩鲜明、构图对称均衡。所以,装饰画活动有助于发展幼儿手部动作的准确性、灵活性,有助于提高幼儿的审美能力和对装饰工艺的兴趣,有助于发展幼儿创造性的美化生活的能力,以及培养认真、细致、有耐心、有条理的良好习惯和心理品质。

(二)幼儿园绘画活动的设计

幼儿园的绘画活动一般可以分为活动准备、创作引导、创作辅导、作品评价和活动延伸等基本阶段。

1.活动准备

活动准备阶段主要是通过了解、分析幼儿的实际发展水平,对活动目标和内容进行分析理解,准备绘画材料与工具,帮助幼儿积累相关的经验,制订活动的方案。

2.创作引导

创作引导阶段可以分为三个步骤:①导入活动:通过直观化、游戏化、形象化的形式,引导幼儿提取或获得与本次绘画活动相关的经验;②通过讲解、谈话、讨论、示范等方法,引导幼儿学习本次活动的重点和难点;③交代作品创作的具体要求,包括绘画的程序、绘画技能

的要求以及创作习惯的规范等。

3.创作辅导

创作辅导阶段以幼儿创作为主,教师主要辅导幼儿的创作活动。包括辅导幼儿的构思、造型、使用色彩以及构图等。

4.作品评价

作品评价阶段主要开展对幼儿作品的评价,可以通过教师的评价、幼儿之间的互评以及幼儿的自评对幼儿的创作活动进行总结和评价。

5.活动延伸

幼儿美术教育活动的延伸主要是围绕活动的主题和目标,在集体活动结束后,开展一系列相关的活动来巩固幼儿初学的新经验、新技能,丰富日常美术活动的内容。

(三)幼儿园绘画活动的指导要点

1.命题画活动的指导要点

(1)物体画活动的指导要点。

①引导幼儿详细完整地观察、理解物体的结构特征。教师可以采用特征对比、形象比喻、几何图形概括等方法来帮助幼儿获得物体的视觉表象。帮助幼儿通过各种感官感知、掌握事物的基本形态,抓住事物形的特征、色的特征等,其中最关键的是抓住写生对象的神韵。②引导幼儿用涂染法和线描法来描绘物体。涂染法是指不画物体的轮廓线而是用笔蘸颜料涂画出物体的形,以表现物体的形象特征的方法;线描法是指先用线条勾画物体的基本部分和主要特征,然后再涂上颜料的方法。③通过系列主题活动来帮助幼儿掌握物体的造型。

(2)情节画活动的指导要点。

①感知物体间的空间关系;②通过各种形式突出主题;③通过欣赏感受大师作品中的构图形式;④开展多种形式的构图练习,例如添画、故事画、日记画等。

2.意愿画活动的指导要点

①结合幼儿生活体验,启发、帮助幼儿确立意愿画活动的内容;②创造宽松的意愿画作画环境,按幼儿不同能力帮助幼儿大胆地进行意愿画活动;③评价幼儿意愿画作品时,要以幼儿的创造性为首要目的,对待不同的幼儿要尽可能地进行正面评价;④通过提问题、谈话的方式帮助幼儿进行创作构思和表现。

3.装饰画活动的指导要点

①引导幼儿观察、欣赏大自然和日常生活中的美的花纹、图案和形式;②帮助幼儿掌握简单的装饰画技能,避免重技法、轻创造的做法;③充分利用各种材料和手段,在装饰画中更进一步培养幼儿的想象力和创造力。

活动案例 7-1

大班美术教育活动:给恐龙洗澡

活动目标

(1)能根据主题大胆地表现自己独特的想法。

(2)体验创造的乐趣。

活动重点

启发幼儿能根据命题想出与别人不同的方法,能大胆地将自己独特的想法画出来。

活动准备

经验准备:丰富幼儿对恐龙外形的印象;在黑板上事先画出恐龙的外形。

物质准备:多媒体课件《恐龙》《多样的洗洁用品》;绘画材料(彩色笔、油画棒、水粉、粉笔等)。

活动过程

1.导入部分

(教师播放录像《恐龙》,让幼儿了解恐龙的外形特征和生活环境,引起幼儿对课题的兴趣。)

师:"你最喜欢哪种恐龙?请说说它的特征。"

2.基本部分

(1)引入课题

师:"恐龙生活在远古,我想它要是生活在现代,一定会像大家一样干净漂亮,老师有个大胆的想法——如果我们大家一起给恐龙洗个澡、打扮一下,一定会很有趣。"

(2)讨论:"如何给恐龙洗澡?"

师:"你想用什么工具给恐龙洗澡?"(说出的工具不能与别人相同。)

师:"你想帮助恐龙洗哪里?"(说的部位不能与别人相同。)

师:"恐龙那么高,那么大,我们怎么帮它洗澡呢?"(方法不能与别的幼儿重复,给想出新方法的孩子奖励。)

(3)播放课件《多样的洗洁用品》,拓展幼儿作画的思路。

(4)介绍材料,引导幼儿进行作画。

(引导幼儿根据主题将自己的想法大胆地画出来,启发幼儿与别人的想法不同。)

(5)欣赏幼儿作品。

(引导幼儿介绍自己的作品,教师跟幼儿一起欣赏幼儿的作品。)

师:"请你们说一说自己是怎样给恐龙洗澡的?你觉得谁的作品最有趣?你最喜欢哪一幅作品?"

3.结束部分

（教师小结）

活动延伸

在教室中,布置有关史前动物的墙面。请幼儿收集相关图片或画出自己想象的史前动物乐园。

二、幼儿园手工活动的设计与指导

幼儿园手工活动是指幼儿在教师的引导下,利用各种材料进行的造型操作活动。幼儿园手工活动内容包括泥工、纸工和利用各种其他材料进行的综合性手工活动,幼儿的手工活动具有游戏性和操作性的特点,受到幼儿喜爱,同时,在手工活动中,幼儿的动手能力,操作协调能力,耐心细致、有序的工作习惯等得到锻炼和培养。

(一)幼儿园手工活动的分类

1.泥工活动

从活动性质上说,幼儿园的泥工活动可分为:单纯的玩泥游戏(无主题自由塑造)和有主题的泥工学习与表达。

(1)泥工活动的工具材料。幼儿园常用的泥工材料有橡皮泥、多彩泥、自制面泥、陶泥、黄泥、黏土等;常用的工具包括泥工刀、竹签、小木棍、湿布等,还可以准备一些辅助材料,如牙签、线绳、纽扣、瓶盖等。

(2)泥工活动的技能包括:团圆、搓长、压扁、粘接、捏泥、伸拉、分泥等,可根据幼儿的年龄特点,由浅入深地设计有趣的泥工活动内容,在游戏的氛围中进行练习。

2.纸工活动

幼儿园纸工活动是以不同性质的纸为材料进行的游戏造型活动。

(1)纸工活动的工具材料。幼儿纸工活动的用纸范围很广。例如,皱纹纸、宣纸、彩色卡纸、复印纸、瓦楞纸、包装纸,专供幼儿折纸用的手工纸、废旧画报、挂历、报纸等,在使用中要根据不同的内容来选取适合的纸材。

纸工活动常用的工具有剪刀、胶水、颜料等。

(2)纸工活动的基本技巧,包括折纸、剪纸、撕纸、拼纸、染纸等。

3.其他材料的手工活动

幼儿园的手工活动除了泥工、纸工活动外,还包括许多利用其他材料进行的手工活动,涉及的材料多种多样,自然材料、生活废旧物品等都可以纳入幼儿的手工活动的材料范围。市场上有很多材料,教师可以酌情选用,帮助幼儿提高创意与制作的能力,丰富他们表达、表

现的手段,提升美感经验。例如:茶水扎染、卵石彩绘、纸盒玩具、玻璃瓶风铃、毛线十字绣、木偶制作等。

(二)幼儿园手工活动的指导

1.准备精美有趣的范例,引起幼儿操作学习的动机

手工活动是通过对各种材料的加工,制作出具有美的形式的物品。在活动前,对精美范例的欣赏,能激发幼儿对制作活动的向往,对所要进行的操作结果产生明确的直观感受,在审美理想的感召下,在获得有趣玩具的目标下,幼儿会更加积极地投入手工活动。根据内容,范例可以是教师的制作,也可以是实物;可以是单一的范例,帮助幼儿完成模仿练习,也可以是不同类型的一组范例,发散幼儿的思维,提供借鉴与选择的空间。

2.提供练习的环境与时间,使幼儿充分体验工具材料的性能

生活在海边的人善于游泳,而生活在山上的人善于攀爬,其原因是因为海与山是他们生活的一部分,是时间与环境造就的。因此,任何技巧的掌握都是依赖于多多地练习,幼儿要想熟练使用工具材料也必然要经过这样的途径。要组织好手工活动,给幼儿自由操作与练习的时间是非常重要的前提。

3.教师清楚地讲解演示制作的基本技巧

手工活动,特别是折纸等需要有序进行的操作,教师的讲解示范十分重要。教师的示范速度要根据幼儿的反应来控制,对较难的环节要用幼儿能够理解的语言反复讲解,操作环节要让每个幼儿都能看得清楚明白,有些方法的重复可以请幼儿自己来尝试,再根据幼儿的问题进一步讲解演示,建立规范的讲解演示对幼儿的手工学习帮助很大,需要教师活动前进行完整的练习,新教师特别要体会语言讲解与演示操作的恰当结合。

4.制作过程中的耐心帮助与支持

手工活动涉及许多技能、方法,在活动中,幼儿需要更多的指导与帮助,特别是一些细节的处理对他们来说非常困难。这时,教师的态度是十分重要的,需要对幼儿进行帮助,在小范围中帮助一名幼儿操作,周围的幼儿等于又体验了一次方法示范,对于难点教师应及时做出调整,降低要求,使多数幼儿能顺利完成操作。

5.对作品的处理

幼儿的手工作品如同幼儿一次"异地旅游"的"纪念",对幼儿来说,意义深刻,教师应妥善处理幼儿的作品,教师对幼儿作品的重视,正是对幼儿能力的一种肯定。处理的方式多种多样,作为玩教具使用、作为艺术品装点环境、作为礼物送给家人或客人等等。总之,要使幼儿的努力与创造体现出相应的价值。

活动案例 7-2

中班美术教育活动:果蔬娃娃

活动目标

(1)初步尝试运用不同的工具、材料设计制作果蔬娃娃。

(2)体验设计制作的过程,体验成功的快乐。

(3)学会发现问题、解决问题。

活动准备

经验准备:认识多种水果和蔬菜的名称和外形特征。

材料准备:多种水果和蔬菜,剪刀、彩纸、毛线、牙签、彩泥等,部分家长与幼儿共同制作的果蔬娃娃。

活动过程

1.导入部分:谈话导入,引发幼儿制作果蔬娃娃的愿望

(观察已制作好的果蔬娃娃,引导幼儿说出是用什么水果和蔬菜制作成的,进一步明确水果蔬菜的名称及种类。)

师:"请带来果蔬娃娃的小朋友介绍一下参与制作的过程。"

2.基本部分

(1)谈话活动:我想做的果蔬娃娃。

师:"请你们说一说,自己想做一个什么样的果蔬娃娃?"

师:"做一个果蔬娃娃都需要哪些材料,分别是做果蔬娃娃的哪个部分?"

师:"用什么材料可以把果蔬连接起来?"

(2)制作活动:果蔬娃娃。

(引导幼儿利用准备好的材料制作果蔬娃娃,鼓励幼儿实现自己的构想,教师进行个别指导。)

师:"你想用这个材料做果蔬娃娃的哪个部分?"

师:"怎样使你的果蔬娃娃更漂亮?"

(3)沙盘展示。

(幼儿将制作好的作品放入沙盘中,引导幼儿相互交流欣赏作品,发现问题,并提出建议进行修改。)

(4)教师小结。

3.结束部分

引导幼儿以果蔬娃娃为话题,创编小故事。重点帮助幼儿赋予果蔬娃娃以情境之中,也可在沙盘中添加背景和道具。

活动延伸

将幼儿作品放入语言区，引导幼儿在区域活动时，大胆讲述或表演。

三、幼儿园美术欣赏活动的设计与指导

幼儿园美术欣赏活动是引导幼儿感受美术作品、自然景物和周围环境中的美好事物，体验其形式美和内容美，增强审美情趣和审美能力的活动。它是幼儿美术教育的重要组成部分。美术欣赏，让幼儿从小与经典艺术作品、周围美好的事物直接对话，对形成幼儿良好的艺术素养，开阔幼儿的视野，丰富幼儿的知识，发展幼儿的想象力、创造力和语言表达能力，培养幼儿的自信心和积极的情感态度等方面都具有重要的意义。

(一)幼儿园美术欣赏活动的分类

1.绘画欣赏

绘画是利用线条、形体、色彩和构图等艺术手法在平面材料上描绘视觉的、空间的、静态形象的形体和神韵，来反映自然和社会生活、表达人们的思想情感、审美理想和社会理想的一种艺术。绘画的种类很多，幼儿园的绘画欣赏大致有水墨画、油画、水粉画、版画、年画、儿童画等类型。无论何种类型的绘画，教师一般可以引导幼儿从内容和形式两方面进行欣赏，然后启发幼儿用语言、表情、动作表达自己的审美感受，调动幼儿用多种感官来欣赏、感受和充分表达自己对美的向往、喜好和体验。

2.雕塑欣赏

雕塑是用可雕刻的石头和木头、可塑的黏土、可熔铸的金属等制作具有可视、可触摸的具体形象，以表达思想感情的一种艺术形式。它是造型艺术的一种。雕塑一般分为圆雕和浮雕，它们都具有作品的实体性。教师在引导幼儿欣赏时，应着重引导幼儿体验雕塑作品的形体所体现出来的充沛的生命力。

3.工艺美术欣赏

工艺美术是指美化的日常活动用品，是与人们的物质生活和精神生活关系密切的一种美术形式。其显著特点是工艺与美术两者的有机融合，既有审美意义，又有实用意义。幼儿园工艺美术欣赏主要是欣赏与幼儿生活有关的、生动有趣的工艺美术品，如丝巾、小花伞、糖纸等。对工艺美术品，应重点放在欣赏其造型美和服饰美，以及这些形式美所洋溢出的趣味、情调和生活气息。

4.建筑艺术欣赏

建筑艺术是以建筑物的外形、内外空间、总体布局及装饰和色彩来表现一种美学意识的艺术。建筑艺术是一种实用和审美相结合的艺术。幼儿建筑艺术欣赏的作品既要考虑代表优秀文化遗产，又要照顾幼儿心理的感受能力。一般来说，要从欣赏幼儿喜欢的、较为熟悉

的建筑物,如天安门、民居建筑等;再由近到远地欣赏幼儿能理解的建筑艺术,如埃及金字塔、悉尼歌剧院等。

5.自然景物欣赏

自然界的景物千姿百态,美不胜收。欣赏自然景物的活动是引导幼儿开启欣赏自然美的心扉,发现美、创造美的钥匙。在幼儿欣赏自然景物时,要重点引导幼儿欣赏自然景物的形式美及其所蕴含的生命力。例如,欣赏菊花,不仅要欣赏菊花千姿百态的美丽造型和姹紫嫣红的艳丽色彩,还要欣赏菊花迎风挺立、不惧严寒的品质。

6.环境欣赏

环境欣赏主要是针对人工创设的环境和装饰的欣赏。例如,幼儿园、家庭环境、社区环境、节日装饰等。幼儿园环境突出幼儿情趣,家庭环境体现个性风格,社区环境反映地方风土人情,节日环境强调喜庆和热闹。教师在引导幼儿进行欣赏时,应把重点放在整体色调、布局及所烘托的气氛上,体现特定环境展现的情趣,以及人类创设环境的智慧美。例如:中班"节日环境"欣赏活动中,教师要引导幼儿通过对教室布置中鲜艳的色彩和各种挂件、彩带的欣赏来体验它们所表现的热闹、喜庆。

(二)幼儿园欣赏活动的指导要点

1.做好物质上的准备

欣赏活动的物质准备包括作品的呈现方式的活动材料的选择和准备。教师应根据幼儿的兴趣、经验和接受能力,选择符合幼儿年龄特点的作品,作品的内容能被幼儿所理解和喜爱,同时还能唤起幼儿的情感。作品应具有一定的艺术性,形象生动逼真,色彩鲜艳和谐,线条优美流畅,构图新颖别致,与幼儿生活经验相吻合,有利于培养幼儿的美感。

2.做好相关知识经验的准备

教师不仅要加强自身的美术修养,充分了解作品产生的时代背景、作者要表达的思想情感及表现手法,还要了解幼儿,具备幼儿美术发展规律的理论知识和感性经验。在欣赏活动开展前,教师应利用多种途径帮助幼儿扩展知识经验,有意识地引导幼儿了解作品所蕴含的意义,深入领会作品特有的表现形式和内涵。

3.认真研究活动目标和欣赏内容

活动目标的制定应充分考虑美术欣赏的总目标和年龄段目标,并把它们转化为活动目标。

4.采用多种方法、手段进行欣赏

幼儿美术欣赏活动,不是单纯地让幼儿看一看欣赏对象,而是要运用灵活多样的方法让幼儿体验美感,在知识面、感受力、领悟力、想象力和创造力、语言表达能力等方面获得良好的发展。例如,对话法、观察比较法、讲解法、体验法等。

5.注重启发引导,欣赏要循序渐进

在美术欣赏活动中,教师要能激发幼儿积极参与审美活动的主动性,而不是让幼儿在被动接受的过程中学习。在欣赏过程中,教师要引导和启发幼儿去理解作品的内容和形式,表达对作品的感受。

活动案例 7-3

大班美术教育活动:"美丽的儿童画"

活动目标

(1)学习用点、线、图形或色块等不同方法添画背景。

(2)了解画面中主体与背景的关系,并能为"蜗牛"添画简单的背景画面。

活动重点

学习用点、线、图形或色块等不同方法添画背景。

活动准备

课件,幼儿课前填充过颜色的画,"蜗牛"(只填充了主体蜗牛的颜色,无添画背景),彩笔。

活动过程

1.导入部分:区分主体与背景

(教师出示一幅没有背景的范画和一幅添了背景的范画引导幼儿比较。理解主体与背景的含义。)

2.基本部分

(1)点(圈、圆)添画背景

(出示幻灯片,引导幼儿观察)

师:"这些画面是怎样的背景画面?"

(教师逐一出示几张用点添画背景的范画,引导幼儿欣赏、比较。)

(2)线条添画背景

(出示幻灯片,引导幼儿逐一欣赏用线条添画背景的范画。)

师:"画面中的背景怎样?"

师:"同样是用线条添画背景,但是有什么不同?"(线条的粗细、排列等)

(3)图形添画背景

(引导幼儿观察范画中不同的背景。)

师:"还可以用什么图形添画背景? 图形在背景上还能怎样排列?"

(4)色块添画背景

(出示用一种颜色涂满画面背景的范画,引导幼儿观察。)

师:"这幅画的背景和前面几幅有什么不同?"

(5)情节式背景

(出示范画,引导幼儿观察此种画面背景的特点。)

师:"画面中有谁?在哪里?在干什么?你是怎么看出来的?"

3.结束活动

(出示无背景的画引导幼儿讨论,并动手添画背景。)

师:"你会怎样为这幅画添画背景?"

活动延伸

可以在区角活动中,通过游戏学习画小动物、欣赏名画、装饰画等,循序渐进,一步一步地培养幼儿的绘画能力。

 本章习题

一、名词解释

1.美术　　2.幼儿美术教育活动　　3.命题画　　4.物体画　　5.手工活动

二、简答题

1.幼儿美术教育对幼儿的全面发展有何作用?

2.简述幼儿美术教育的目标和内容。

3.幼儿绘画活动的指导一般可分为哪几个步骤?各应注意哪些问题?

4.开展幼儿美术欣赏活动应注意哪些问题?

三、案例评析题

1.选择你观摩过的一次美术活动,试评析该活动的优点与不足。

2.浏览下面幼儿园美术教育活动教案,分析其活动方案设计是否合理,并说明理由。

大班美术教育活动:各种各样的房子

【活动目标】

(1)积极参与绘画,体验成功的乐趣。

(2)能大胆地想象,创造性地表现造型独特的房子。

(3)知道生活中常见的房子和各种奇怪的房子,了解房子的基本结构。

【活动准备】

"各种各样的房子"PPT 音乐、幼儿绘画笔、纸。

【活动过程】

1.看"各种各样的房子"PPT,了解房子的基本结构;欣赏各种各样的房子,丰富幼儿的经验。

(1)提问:小朋友们,见过什么样的房子?

(房顶是什么样的,房体是怎样的,门和窗户呢?)

(2)出示PPT,这是我们看过的房子,它们的房顶、房体、门、窗户在哪里? 是什么样的?

(3)出示PPT,欣赏奇特的房子。

提问:你见过奇怪的房子吗? 它们是什么样子的?

2.游戏"我变变变",拓展幼儿思维,激发想象。

指导语:我们来玩一个变房子的游戏。

3.想象、设计自己喜欢的房子。

你最想把什么变成房子? 怎么变?

4.幼儿自由创作,教师个别指导。

指导语:请你用纸和笔把你想要的房子认真地变出来吧!

5.作品欣赏与评价,结束活动。

四、设计题

1.以"花裙子"为主题,设计一次中班装饰画活动的计划。

2.以"美丽的家乡"为主题,设计一次大班情节画活动的计划。

第八章

幼儿园音乐教育活动设计与指导

 第一节　幼儿园音乐教育活动概述

 一、幼儿园音乐教育活动的含义

　　幼儿园音乐是反映3～6岁幼儿的生活和表达他们思想感情的艺术,反映了幼儿对音乐的感受、体验、表现及创造。幼儿园音乐教育是以幼儿音乐为学习内容的教育实践活动。作为教育实践活动,它有自身的特性,表现为两个方面:一方面是指幼儿音乐,另一方面是指用音乐进行教育。由此,我们既不能把幼儿园音乐教育理解成纯知识、纯技能、纯艺术的音乐教育,也不能脱离了音乐艺术本身的特殊规律及幼儿心理发展的规律来实施音乐教育。只有把两方面有机地结合在一起,使幼儿获得全面、健康、和谐、整体的发展,这才是幼儿园音乐教育的根本目的。

　　幼儿园音乐教育既要遵循幼儿音乐学习的过程,按照幼儿心理发展的特点对幼儿进行音乐基本知识、技能的教育和熏陶,更要以全面发展教育为中心,通过音乐的手段、音乐教育的途径促进幼儿在身体、智力、情感、个性、社会性等方面和谐发展,是一种以音乐为手段来进行的人的基本素质教育。

 二、幼儿园音乐教育的作用

　　音乐教育的根本目标是培养全面发展的人。匈牙利作曲家柯达伊认为:音乐是人的教育一个不可缺少的部分,如果不具备这方面的修养,教育就不完整,离开了音乐就谈不上是全面发展的人。因此,音乐教育在幼儿园教育中占有很重要的地位。

　　(一)幼儿音乐教育是对幼儿进行美育的重要手段

　　美育是人对自然界、社会生活、文艺作品的正确审美观点,是感受美、表现美、鉴赏美、创造美的一种能力。幼儿音乐教育是一种审美过程,是一种通过音乐活动培养幼儿感受美、表现美和创造美的能力的过程。因为幼儿每唱一首歌、每弹一首乐曲、每跳一个舞蹈,不仅能感受到歌词的语言美,还能感受到表演的体态美,乐器音响的意境美,乐曲的旋律美。如,歌曲《小黑猪》音乐形象鲜明、旋律特征诙谐、幽默,幼儿在轻松、愉快的演唱过程中既能感受到歌曲幽默活泼的风格,又能感受到美的陶冶和熏陶。

　　(二)幼儿音乐教育有利于开发幼儿右脑,增进大脑功能

　　人的大脑两半球的功能是不相同的,有一定的分工,一般左脑被称为"语言脑",右脑被

称为"音乐脑"。人脑虽然分两个半球,但它们并不是相互割裂的,整个大脑只有在两半球共同活动中才能更好地发挥其整体功能。

幼儿阶段是脑发育最快的阶段,音乐活动是开发幼儿右脑的重要手段之一。充分地利用歌唱、韵律动作、节奏训练及音乐欣赏等活动,全面地刺激幼儿,让幼儿用活泼欢快的身体动作来体验节奏,借助节奏来引起大脑与身体之间迅速而有规律地交流,用身体动作体验音乐、表现音乐,可使幼儿的大脑各部分处于积极的活动状态中。因此,幼儿音乐教育对幼儿大脑的健全发展是十分重要的。

(三)幼儿园音乐教育可以促进幼儿身心健康发展

幼儿园音乐教育
可以促进幼儿
身心健康发展

1.促进幼儿听觉能力的发展

学前阶段是听觉能力发展最迅速的时期,有关研究者曾经做过对成年专业音乐家的调查,发现在 2～4 岁开始接受音乐教育的人中,有 92% 的人可能获得绝对音高感;在 4～6 岁接受音乐教育的人中,这个比例便下降到 68.4%。可见,及早地、更多地为幼儿提供各种音乐活动的机会和环境,并有意识地引导幼儿进行听觉的感知和分辨活动是十分有意义的。

2.促进幼儿注意、记忆能力的发展

音乐具有直观性,幼儿音乐活动形式多样,能集中幼儿的注意力,激发幼儿的活动兴趣。在音乐活动中,幼儿为了学会唱歌,必须记住歌词、旋律;为了学会舞蹈动作或乐器演奏,必须记住与动作或演奏有关的音乐的特点等。实践证明,音乐教育能促进幼儿注意力、记忆力的发展。

3.促进幼儿想象力的发展

音乐艺术有它本身的特点——音乐中的音乐形象是一种广泛的对音乐意境的生动想象。音乐教育正是通过音乐形象,唤起幼儿对相关的视觉印象、听觉印象以及有关事物的联想,从而发展他们的想象力。如,在优美的音乐旋律中,幼儿往往引起诸多的想象,在动作的创编中,时常迁移联想到有关的事和物。

4.促进幼儿语言的发展

幼儿在音乐活动中,要学会欣赏音乐作品中的艺术性语言,正确理解歌词的内容,必然会丰富幼儿的知识,增加他们的词汇,提高他们的语言表达和应用能力。可见音乐教育能够丰富和发展幼儿的语言。

5.促进幼儿观察、模仿能力的发展

许多音乐活动的学习需要幼儿观察、模仿获得。比如,对歌词的记忆,幼儿首先观察的是教师的口型、表情及具体形象的教具,然后理解记忆并模仿学习。对动作的学习或创编,也必须在观察的基础上进行想象创造出来。所以音乐活动能促进幼儿观察、模仿能力的发展。

6.促进幼儿情感的发展

幼儿期正处于个人情感由低级向高级逐步发展的阶段,富有情感性的音乐活动能满足幼儿情感发展的需要。好的音乐作品、音乐教育活动能使幼儿产生对音乐的情感共鸣,从而激发起幼儿良好的情绪情感,提高幼儿音乐审美感受力和表现能力,净化心灵,升华道德,完善人格。如:学习《不再麻烦好妈妈》这首歌曲,幼儿不仅能感受到妈妈对自己关爱的情感,同时也激发了幼儿对妈妈的热爱之情,知道了自己的事情要自己做。

7.促进幼儿社会性的发展

首先,和谐的音乐活动,能满足幼儿与人交往的需要。教师与幼儿,幼儿与幼儿之间的音乐交往,如合唱、合奏、集体舞等,能使幼儿体会到与人合作和共同学习的快乐。其次,在学习中的集体评价、自我评价、自我教育,培养了幼儿的自律和责任感。再次,音乐作品中的具体内容,又可以让幼儿感受到爱与被爱、尊老爱幼、爱劳动、讲卫生等良好的品质和习惯,这些美好行为潜移默化地影响着幼儿,促进幼儿全面地发展。

三、幼儿园音乐教育的总目标

幼儿园音乐教育总目标即指幼儿在园三年发展的总体要求。《纲要》明确规定了艺术领域的目标,其实质就是培养幼儿的审美感受能力和艺术创造能力。这种艺术教育观落实到幼儿园的音乐教育中,我们认为,幼儿园的音乐教育总目标可以包括以下四个方面。

(1)发展幼儿的艺术思维能力和创造性艺术表达能力。即感知、记忆、理解音乐作品的形式以及内容的能力;根据音乐舞蹈作品进行想象、联想的能力;运用嗓音、身体动作、语言艺术、视觉艺术以及各种辅助工具(如,乐器、道具)等手段自由合理地、与众不同地对作品的形式和内容进行再现、表述和再度创造加工的能力等。

(2)发展幼儿的情感体验、情感表达能力和进行自我情感调控的能力。即体验、表达音乐舞蹈作品本身所引发的情感的能力;体验和表达在音乐学习活动中产生的其他情感(其中特别是积极情感)的能力;根据作品表达的需要和集体音乐学习活动的需要,适时调整或克制自己的不适度情感、消极情感以及相应行为的能力等。

(3)发展幼儿的自我认识、自我教育的能力和积极、独立的个性品质。即了解自己在音乐活动中态度、行为的能力;了解自己与音乐活动有关的知识技能的发展状态以及进步情况的能力;利用各种知识经验在音乐实践中进行自我管理和自我发展(包括向他人学习)的能力;用积极的态度和行动参与音乐实践并自动消除消极干扰的能力等。

(4)发展幼儿守纪、负责、公正、能合作、善交往的良好社会性品质。即,感受和追求集体音乐活动秩序的能力;公正对待音乐活动中产生的人际利益冲突的能力等。

四、幼儿园音乐教育的年龄阶段目标

小 班

(1)歌唱活动。

①学习用正确的姿势、自然的声音歌唱,并基本做到吐字清楚、唱准曲调和节奏(音域在c1~a1);

②能跟着歌曲的前奏整齐地开始和结束;

③在有伴奏的情况下,能独立地、基本完整地唱熟悉的歌曲;

④能初步理解和表现歌曲的形象、内容和情感;

⑤在教师的帮助、引导下,能够为熟悉、短小、工整而多重复的简单歌曲增编新的歌词;

⑥喜欢自己歌唱,也喜欢与同伴一起歌唱,并能注意使自己的歌声与集体相一致。

(2)韵律活动。

①能跟随音乐的节奏做简单的基本动作和模仿动作;

②喜欢参加集体的韵律活动和音乐游戏;

③学习一些较简单的集体舞;

④初步尝试和体验用动作、表情和姿态与他人交流的方法和乐趣。

(3)节奏乐活动。

①学习并掌握几种最常用的打击乐器(如,碰铃、串铃、铃鼓等)的演奏方法;

②喜欢操弄打击乐器,喜欢参加集体的打击乐演奏活动;

③能够为简单、短小的二拍子和四拍子的歌曲、乐曲伴奏;

④初步学会看指挥开始和结束演奏;

⑤了解并遵守集体的打击乐演奏活动中的一些基本规则。

(4)音乐欣赏活动。

①能初步感受性质鲜明、结构短小的歌曲或有标题的器乐曲的形象、内容和情感,并产生一定的外部动作反映;

②喜欢倾听周围生活中的各种声音,并用自己喜欢的方式(嗓音、动作等)来表达;

③乐意参与集体的音乐欣赏活动,并积极尝试和体验音乐欣赏过程的快乐。

中 班

(1)歌唱活动。

①能用正确的姿势、自然的声音歌唱,并做到吐字清楚、唱准曲调和节奏(音域在 c1~b1);

②在有伴奏的情况下,能独立而完整地演唱,并初步学会接唱和对唱;

③在集体的歌唱活动中,能够注意控制自己的音色,使自己的歌声与集体的声音相协调;

④能学习用不同的速度、力度和音色变化来表现歌曲的形象、内容和情感；

⑤能够为熟悉、短小、工整而多重复的简单歌曲增编新的歌词，并能尝试独立地将新编的歌词填入曲调中唱出；

⑥喜欢自己歌唱，也喜欢在集体中歌唱，并能大胆地、独立地在集体面前表演。

（2）韵律活动。

①能跟随音乐的节奏做简单的基本动作、模仿动作和舞蹈动作；

②喜欢参加集体的韵律活动和音乐游戏；

③学习一些基本的舞蹈动作和集体舞；

④享受并体验用动作、表情和姿态与他人交流的方法和乐趣，初步尝试用创造性的动作自发地随音乐自由舞蹈的乐趣；

⑤学习在动作表演过程中，使用一些简单的道具。

（3）节奏乐活动。

①进一步学习并掌握一些打击乐器（如，木鱼、响板、沙球等）的演奏方法；

②喜欢操弄打击乐器，喜欢参加集体的打击乐演奏活动；

③能够用乐器为二拍子、三拍子、四拍子的歌曲和乐曲配不同的简单伴奏；

④进一步学会看指挥开始、结束和变化演奏；

⑤能初步尝试部分地参与打击乐演奏配器方案的讨论；

⑥能较自觉地遵守集体的打击乐演奏活动中的一些常规，养成爱护乐器的态度和习惯。

（4）音乐欣赏活动。

①能感受性质鲜明、结构短小的歌曲或器乐曲的形象、内容、情感，并产生一定的联想，用外部的动作加以反应；

②能初步了解并辨别进行曲、舞曲、摇篮曲等不同风格音乐的基本性质；

③喜欢倾听周围生活中的各种声音，并能大胆地用自己喜欢的方式来表达；

④乐意参与集体的音乐欣赏活动，并积极尝试和体验音乐欣赏过程的快乐；

⑤初步学习运用不同的艺术表演形式（如，文学、美术、韵律动作等）来表达对音乐的感受和理解。

大班

（1）歌唱活动。

①能用正确的姿势、自然美好的声音唱歌，并能正确地表现歌曲的节奏、旋律和歌词（音域在 c1～c2）；

②在没有伴奏的情况下，也能独立而完整地演唱，并初步学会领唱、齐唱、轮唱和简单的两声部合唱；

③能用不同的速度、力度和音色变化来表现歌曲的形象、内容和情感，能注意到歌曲的字、词及乐句的变化，较恰当地表现不同性质、风格歌曲的意境；

④能够为熟悉而多重复的歌曲增编新的歌词,并能即兴地、独立地将新编的歌词填入曲调中唱出;

⑤喜欢歌唱,能大胆地、独立地在集体面前进行歌唱表演,并能在集体中尝试以不同的合作表演形式歌唱。

(2)韵律活动。

①能跟随音乐的节奏较准确地做各种稍复杂的基本动作、模仿动作和舞蹈动作组合;

②喜欢参加集体的韵律活动和音乐游戏,喜欢自发地随音乐自由舞蹈;

③进一步丰富舞蹈动作语汇,在掌握一些基本的舞蹈动作和集体舞的基础上,学习一些含有创造性成分的稍复杂的舞蹈组合;

④能够积极体验用动作、表情和姿态与他人交流的方法和乐趣,并在合作表演的过程中尝试用创造性的动作大胆、主动地表现;

⑤能够在动作表现过程中,学习选择并较熟悉地使用一些简单的道具。

(3)节奏乐活动。

①进一步学习并掌握更多打击乐器(如,三角铁、双响筒、钹等)的演奏方法;

②喜欢并积极参与集体的打击乐演奏活动,能部分地参与打击乐演奏配器方案的设计;

③能正确地根据指挥的手势开始、结束和变化演奏;

④能在集体的打击乐演奏中有意识地注意在音色、音量和表情上与集体相协调一致;

⑤能自觉地遵守集体的打击乐演奏活动中的一些常规,养成爱护乐器的态度和习惯。

(4)音乐欣赏活动。

①能较准确地感受性质鲜明、结构适中的歌曲或器乐曲的形象、内容和情感,并产生一定的联想,用外部的动作加以反应;

②能进一步丰富并加深对进行曲、舞曲、摇篮曲等不同风格、性质音乐的认识;

③喜欢倾听周围生活中的各种声音,并能用噪音和动作表现等方式进行创造性的表达;

④能主动、积极地参与集体的音乐欣赏活动,享受并体验音乐欣赏过程的快乐;

⑤能够运用不同的艺术表演形式(如,文学、美术、韵律动作等)来大胆表达对音乐的感受和理解。

第二节　幼儿园音乐教育的内容

 一、歌唱活动

歌唱活动

歌唱是人类表达、交流思想感情的最自然的方式之一,也是幼儿表达自己思想的一种方法。它能使幼儿得到美的熏陶与感染,丰富幼儿的情感体验,陶冶幼儿的情操,启迪幼儿的

心智,完善幼儿的品格,是幼儿音乐教育活动中的一个重要内容。

幼儿歌唱需要掌握的技能是以下几项。

①姿势:应保持身体和头部的正直、放松,两臂自然下垂或放在腿上,两眼平视,两肩放松,口型保持长圆形,嘴唇的动作要求自然。

②发声:下巴放松,嘴巴自然张开,培养幼儿用自然的声音唱歌,不大声喊叫,也不过分地克制音量。

③咬字吐字:教会幼儿正确的发声方法,唱准歌词、节奏和旋律。

④呼吸:应自然地吸气,均匀地用气,并尽量在呼吸时一次吸入足够的气息并保持住,然后在演唱时根据乐句和表情的需要慢慢地、有节制地运气。另外,在呼吸的时候,应注意不抬头、不耸肩、不发出很大的吸气声,一般不在乐句的中间随便换气,必须按照一定的乐句规律来换气。

⑤音准:要让幼儿获得音调准确的音乐印象,而教师的演唱和琴声正是幼儿获得听觉印象的主要来源和依据,还要注意发声器官的协调能力,从听和唱两方面的互相配合中来加强幼儿音准感的培养。

⑥协调一致:在唱歌时,不使自己的声音突出,在不同歌唱表演形式中,能够做到准确地与他人、他声部相衔接,保持在音量、音色、节奏等方面的协调以及声音表情、脸部表情和动作表情的和谐一致。

⑦保护嗓音:教育幼儿不大声喊叫唱歌,不在剧烈运动时(或剧烈运动后)大声地唱歌,不长时间地连续唱歌,不在空气污浊的环境中唱歌,不在感冒、患上呼吸道感染的时候唱歌等等。

⑧表情:幼儿有表情地唱歌,主要表现在幼儿的歌声、自然的面部表情,以及随音乐而产生的轻微的身体动作。

二、韵律活动

韵律活动是指随音乐而进行的各种有节奏的身体动作,一般包括律动、舞蹈及其他节奏活动。

(1)律动是在音乐伴奏下的运动活动,根据音乐的性质、节拍、速度等有规律地、反复地做一个动作或一组动作。例如,动物的动作、人的劳动或其他动作、自然界的现象及日常生活及游戏、舞蹈中的动作等。

(2)舞蹈是动作的艺术,是通过音乐和动作塑造具体形象,表现一定主题,反映社会生活、抒发感情的一种视觉表演艺术。常见的舞蹈形式有集体舞、邀请舞、小歌舞或童话歌舞、幼儿自创的舞蹈、表演舞等。

(3)其他节奏活动一般有语言节奏活动、人体节奏活动、节奏读谱活动等,主要是通过各种不同形式的活动,训练幼儿的节奏感。

三、打击乐器活动

打击乐器活动是指在音乐声中有节奏地敲打某些打击乐器的一种活动。

四、音乐欣赏活动

音乐欣赏可以发展幼儿的欣赏能力和审美能力,开阔幼儿的音乐视野,丰富幼儿欣赏音乐的经验,萌发幼儿初步地感受美和表现美的情趣。选择幼儿欣赏的音乐作品时,应考虑音乐对幼儿的可感性、可接纳性。

(1)古今中外带歌词的、比较优秀的儿歌、歌谣、故事片及动画片插曲等。如,《歌唱二小放牛郎》《半个月亮爬上来》《小白船》等。

(2)钢琴教材以及其他器乐教材中,一些旋律优美、体裁短小,但音乐形象鲜明、有典型特点的小曲子,也能为幼儿所理解和接受。如,《跳绳》《扑蝴蝶》《小鸟》等。

(3)根据童话故事创作的音乐作品。如,《龟兔赛跑》《彼得与狼》等。

(4)中外著名作曲家的优秀作品中,适合幼儿欣赏的部分片段。如,《动物狂欢节》中的《公鸡》《母鸡》《大象》《鱼类》等,《天鹅湖》里的《四小天鹅》等。

第三节　幼儿园音乐教育活动指导要点与设计

一、幼儿园歌唱活动的设计与指导

(一)幼儿园歌唱活动内容的选择

1.歌词方面

(1)为幼儿选择的歌曲,歌词应是有趣、易记且能为幼儿所理解的和熟悉的。由于幼儿的生活经验尚不丰富,理解能力还很有限,因此,只有幼儿所理解的歌词才能引起幼儿的兴趣,如动物、植物、交通工具、自然现象、幼儿自己的身体部位、一些押韵的句子、象声词、语气词等。

(2)歌词要有重复,有发展余地。结构简单且多重复的歌词,会使幼儿感到熟悉,也便于记忆。如,《我爱我的小动物》一歌,每段歌词只需改一动物名称及叫声,这样的歌不仅有重复性,而且还可以不断增加新的段数,有发展的余地,教师可启发幼儿自己想出要增添的歌词,这既能激发幼儿唱歌的积极性,又能培养幼儿的创造性。

(3)在选择歌曲时,还应尽量注意歌词的内容易于用动作表现。幼儿天性好动,感情外露,边唱边做动作是幼儿很自然而直接的一种音乐表现活动,幼儿在这种活动中,既满足了好动的天性,协调性也得到了发展,这对促进幼儿身心和谐发展具有重要意义。

2.曲调方面

(1)音域不宜太宽。一般2~3岁幼儿适合的音域范围是在c1~e1;3~4岁幼儿适合的音域范围在c1~a1;4~5岁幼儿适合的音域范围是c1~b1;5~6岁幼儿适合的音域范围是c1~c2。总体上说,所选歌曲的音域应控制在上述范围之内。

(2)节奏节拍比较简单。幼儿一般不适合唱过于复杂的节奏和节拍。4岁以前幼儿的歌曲,曲调的节奏可以主要由四分音符或八分音符组成,也可以掌握二分音符的节奏,选择2/4拍和4/4拍为主,也可偶尔选择3/4拍的节拍。为4~6岁幼儿选择歌曲时,可选择含有附点音符,少量的十六分音符和切分音的节奏,选择节拍时,除了2/4拍、4/4拍以外,可以选用3/4拍和少量的6/8拍的歌曲。

(3)速度适中。为幼儿选择歌曲时,应注意歌曲的速度不宜太快,一般以中速或中速稍快、稍慢为宜。4岁以前的幼儿,宜采用中速,4~5岁幼儿比较容易兴奋,除可多选轻快活泼的歌曲以外,还应注意多选安静而稍慢的歌曲,以陶冶幼儿的性情,5~6岁的幼儿已经有了一定的自控能力,可以选择速度稍快或稍慢的歌曲,甚至还可选择一些含有速度变化的歌曲。

(4)旋律比较平稳。幼儿不适合唱旋律起伏太大的歌曲。一般来说,幼儿较容易掌握三度(或以下)的音程,其次是四度、五度和六度的音程。根据幼儿的年龄段,小班适宜于选三度音程的歌曲,中大班幼儿的歌曲旋律才可稍复杂一些,可以增加一些三度以上的跳进,但不宜有连续的大音程跳进。

(5)结构比较短小工整。幼儿一般不宜唱记过长或复杂乐句的歌曲。为4岁以前幼儿选择的歌曲,以2~4个乐句为宜,每一个乐句也不宜太长,且歌曲结构最好比较工整、短小,多为一段体,一般没有间奏、尾奏等附加成分。为4岁以上幼儿选择的歌曲,可以有6~8个乐句,偶尔也可唱稍长乐句的歌曲。结构上可以选一些简单的两段体或三段体的歌曲,一般可以有间奏和尾奏等附加成分,但总体上还是应以唱一段体歌曲为主。

(二)幼儿园歌唱活动的基本模式

1."教师示范—幼儿模仿—反复练习"的歌唱活动模式

①教师以幼儿感兴趣的方法引出主题;
②以清晰感知的方法让幼儿整体感知歌曲;
③用整体感知的方法教幼儿学唱新歌;
④采用各种不同的演唱组织形式练习歌曲;
⑤利用学会的歌曲进行表现与表达活动。

对于年龄较小的幼儿来说,模仿学习占有主要地位,运用这种模式时,应重点考虑在模仿学习过程中降低幼儿的认知难度,提高幼儿的学习兴趣。

2."教师引导—幼儿探索—创造性表达"的歌唱活动模式

①教师用幼儿感兴趣的方法引出主题;

②让幼儿初步掌握歌曲的一段歌词,能初步跟唱;

③启发幼儿在改变歌词中的部分歌词的同时,能初步跟唱;

④鼓励幼儿进一步探索新的歌唱方式;

⑤鼓励幼儿用自己的方式即兴地表现与表达。

此种歌唱活动模式更能体现时代的精神。探究的过程中,幼儿不仅获得了知识,而且也获得了探究的态度和方法,以及乐观向上的性格特征。教师要有意识地在歌唱活动中通过发现、转换、组合、领悟等活动,从小培养幼儿的学习能力和探究精神,获得探究的快乐,使幼儿成长为信息化、知识化时代所需要的人才。

3.“教师唱歌—幼儿游戏—逐步熟悉”的歌唱活动模式

①设计游戏情景,激发幼儿参与歌唱活动的愿望;

②教师用自己的歌声指挥和配合幼儿开展游戏活动;

③在游戏过程中,逐步要求或鼓励幼儿唱出歌曲中的个别词句;

④停止游戏活动,让幼儿在比较平衡的状态下跟随教师整体演唱歌曲;

⑤继续开展游戏活动,使幼儿对新歌的掌握逐步达到熟悉和完善。

采用这种模式进行歌唱活动时,教师应注意:当幼儿产生参与歌唱活动的愿望时,要及时鼓励幼儿主动加入歌唱活动,不能过分强调玩游戏而忽略幼儿唱歌的要求。另外,要掌握好活动中静与动的时间分配,以免以后在歌唱活动中产生乏味的感觉,或过于兴奋而出现大喊大叫的情况。

(三)幼儿园歌唱活动的指导要点

在组织和指导幼儿歌唱活动时,应注意以下几个问题:

幼儿园歌唱活动的指导要点

1.引导幼儿用自然、美好、有感情的声音唱歌

培养幼儿用“自然的声音”唱歌,就是要培养幼儿放松喉部自然地发声,既要防止过分轻声,更要防止喉部紧张用力地大声喊唱。教师在指导幼儿进行“轻声入手”的歌唱练习时,应该用富于感染力、耳语般轻柔的声音对幼儿讲解要求、发出邀请和进行范唱,绝不应该直接用指令的方法要求幼儿压低音量。

“用有感情的声音歌唱”是指要幼儿深刻体验、感受歌曲所表达的情感,理解歌曲为表达这种情感所采取的表现手法,并能运用各种歌唱技能,通过咬字、吐字、气息的断续变化和声音力度的强弱、速度的快慢及音色的控制、变化等,表达歌曲的思想感情,并在外表上有自然的、发自内心的感情流露。

因此,教师应提供正确的歌唱榜样,随时注意自己在歌唱时表达情感的准确性和感染性,尽可能地直接面对幼儿歌唱,或带着幼儿歌唱,或经常不带伴奏地清唱。教师应根据不同性质和内容的歌曲选用适合的演唱技能:优美、温柔、悲伤的歌曲,较适合用类似“抒情曲”的唱法,演唱时速度较慢、力度较弱、气息流动方式相对连贯、柔和,如歌曲《摇篮曲》《大树妈妈》等;活泼、欢快、轻松的歌曲,较适合用类似“舞曲”的唱法,演唱时力度适中,速度较快,气息流动方式相对有弹性、短促、不连贯，如歌曲《雪花和雨滴》；坚定有力、朝气蓬勃的歌曲，较适合用类似"进行曲"的唱法，演唱时力度较强、速度较快和较短促，但又比"舞曲唱法"稍稍长一点、不连贯的气息流动方式，如歌曲《小海军》；沉稳、有力的歌曲，较适合用类似"劳动曲"的唱法，演唱时力度较强、速度较稳健和相对绵长的、不完全连贯的气息流动方式，如歌曲《划船》。

2.利用多种方法引导幼儿整体感知歌曲

整体感知作品的方法可以使幼儿直接地、完整地感受、体验、欣赏到由歌词、旋律、节奏等要素所构成的歌曲作品，感受教师的演唱、表情、态度和身体表演动作等组合而成的整体艺术形象，激发幼儿对歌曲演唱和表现活动的兴趣和欲望，使歌唱活动更符合艺术审美的特性，从而避免把歌唱活动仅仅作为歌唱技能培养、歌词记忆的训练过程。也可以运用教具引发幼儿学习歌曲的兴趣，如幼儿园常用贴绒、磁性教具等吸引幼儿的注意力，帮助幼儿理解歌词大意。

3.注意在歌唱活动中培养幼儿的创造能力

在歌唱活动的组织实施过程中，教师应有意识地引导幼儿在学习歌曲的同时，为幼儿提供有利于创造性培养的活动和机会，以发展幼儿的创造能力。一方面可以引导幼儿进行歌词创编，主要是让幼儿给熟悉的歌曲增编新的歌词或改变部分歌词，小班幼儿的歌曲应具有直观、生动、形象性的特点，每段歌词中只含一种形象，且词句中有较多有规律的重复，创编时只要求幼儿改变个别歌词。中大班幼儿选择歌词创编的歌曲时，可以适当增加歌曲中需要替换和改变的成分，歌词的表现可由具体的形象性向较抽象的情感性表现过渡。另一方面伴随歌曲而进行的动作创编，幼儿边唱边用动作表演，可通过身体动作记忆歌词、增强节奏感，丰富歌曲的表现力，为幼儿创编动作时，动作的难易程度可以根据幼儿年龄特点来决定，小班幼儿完全根据歌词的提示来创编，可以做重复的、简单的动作，中大班幼儿的动作创编可以在之前用一定的动作来表现情绪情感的经验基础上，并在掌握最初的律动和舞蹈动作语汇的前提下，引导幼儿根据歌词发挥想象、自编动作。同时，在引导幼儿进行动作创编时，创编动作的数量"够用"就好，无限制地创编多余的新动作会造成幼儿兴趣的减退和注意力的涣散。另外，还要注意用语言或动作把幼儿的创造成果再次呈现给幼儿，以便产生更大的教育效果。

▦▦ 活动案例 8-1

小班音乐教育活动：大猫小猫

 活动目标

（1）初步学唱歌曲，理解歌词大意。

（2）尝试用声音来表现两段歌曲之间声音力度的差异。

(3)能够探索动作幅度大小与声音力度强弱之间的关系。

活动准备

经验准备：幼儿对生活中的声音熟悉，并能倾听出声音的大小区别。

物质准备：音乐、课件、自制礼物瓶子（用废旧果奶瓶制作、一个大的、若干个小的）、老鼠图片。

活动重点、难点

重点：感受第一段与第二段声音力度的差异。

难点：用自制的乐器来表现两段之间声音力度的区别。

活动过程

1.导入部分

(1)教师请幼儿听几种声音并进行辨别模仿。

师："听一听，这是什么声音？"（公鸡叫）

师："公鸡叫，天亮了，听把谁叫醒了？"（小宝宝的笑声）

(2)利用课件导入情节

师："小宝宝今天很高兴，有位客人要来了，你们看看是谁啊？"

2.基本部分

(1)理解歌词内容。

①出示有大猫图片的课件，进行歌曲第一段的学习。

师："这是一只什么样的猫？我们听它唱一唱。"（播放歌曲第一段）。

师："这是一只什么样的猫？大猫还是小猫？"

师："它的声音怎么样？是大还是小？"

师："它是怎样唱歌的？"

师："大猫叫的最后一声是长长的？还是短短的？"

②教师小结，利用课件对第一段歌词进行梳理。

(2)对比学习第二段。

①出示小猫，启发幼儿学习第二段歌词。

师："又来了一位客人，看看是谁啊？"（出示小猫形象的课件）

师："是小猫吗？我们把刚才的大猫请出来比一比吧！"（出示有大猫形象的课件）

师："想一想小猫会怎样唱歌？声音大还是小？那我们来听一听吧！"（播放小猫音乐，同时出示有小猫形象的课件）

②教师小结，利用课件对第二段歌词进行梳理。

(3)借助教具，巩固学习内容。

①启发幼儿把两段歌词连起来进行练习。

师："是大猫先唱歌，还是小猫先唱歌？"

师："我们把大猫和小猫一起请出来。"(播放有大猫和小猫形象的课件,幼儿尝试用不同力度的声音、不同幅度的动作表现出大猫、小猫)

②启发幼儿用自制乐器发出大小不同的声音。

师："小朋友的小猫准备了礼物,怎样让礼物瓶子发出声音?谁想试一试?"(请一名幼儿进行尝试)

师："想一想怎样让礼物瓶子发出大猫的声音?谁想试试?"(请个别幼儿进行尝试)

师："想一想怎样让礼物瓶子发出小猫的声音?谁来试试?"(请个别幼儿进行尝试)

③教师小结,帮助幼儿梳理经验。

师："大猫唱歌的声音大,小猫唱歌的声音小。我们用瓶子一起来唱出大猫和小猫的歌。"(教师请幼儿根据刚才听到的声音进行演唱)

(4)启发幼儿更深入地探索学习。

①通过提问,启发幼儿发现自制乐器。

师："你们为小猫准备礼物了吗?找一找桌子上有没有可以发出声音的礼物?"

师："一起试着发出了大猫的声音,再试试小猫的。"

②分角色,再次演唱歌曲。

师："我来当大猫,唱大猫的歌,你们当小猫,唱小猫的歌。"

师："谁还想当大猫?"

3.结束部分

(1)进行放松练习。

师："小猫的本领是什么?(抓老鼠)今天我们向小猫学习这个本领吧!"

(带领幼儿跳舞"淘气猫",进行放松)

(2)游戏:捉老鼠。

师："老鼠在哪里呢?小朋友们找一找?"

(出示藏起来的老鼠,幼儿随着追出教室,自然结束)

活动延伸

(1)在表演曲中,提供各种大小不同的动物图片进行歌曲创编活动。如:大狗、小狗、大牛、小牛。

(2)在第二课时,引导幼儿进行角色扮演及找朋友游戏。如大猫找小猫、大狗找小狗等。

附:歌曲

大猫小猫

1=♭E 4/4

汪爱丽 词曲

1·1 1 1 1 5̣ 5̣ | 3·3 3 3 1 1 | 2 2 6̣ 7̣ | 1 - - 0 |
我是一只大猫, 我的声音很大 喵喵喵喵 喵

1·1 1 1 1 5̣ 5̣ | 3·3 3 3 1 1 | 2 2 6̣ 7̣ | 1 - - 0 ‖
我是一只小猫, 我的声音很小 喵喵喵喵 喵

 二、幼儿园韵律活动的设计与指导

(一)幼儿园韵律活动的选材要点

1.音乐的选择

(1)节奏清晰,旋律优美。节奏清晰的音乐不仅能更好地丰富幼儿对音乐节奏的感受和体验,还易于幼儿用动作进行表现和表达。优美、动听的旋律能吸引幼儿韵律活动的愿望,使幼儿产生兴趣,激发幼儿积极地用各种动作表现音乐的旋律和情绪情感。

(2)结构整齐,形象鲜明。音乐结构的相对整齐能使幼儿模仿舞蹈动作的不同发展过程与音乐的曲式结构相适应,便于幼儿区分、辨别,更易于幼儿用动作表现音乐。幼儿选择韵律活动的音乐应注意音乐形象的鲜明和生动有趣。如:模仿鸟飞或蝴蝶飞的动作——音乐优美而富有动感;兔跳的动作——音乐活泼、跳跃;大象走路的动作——音乐沉重而缓慢。

2.动作的选择

(1)动作的选择要符合幼儿的年龄特点和兴趣。幼儿的韵律动作主要分为基本动作、模仿动作和舞蹈动作。3～4岁幼儿最感兴趣的动作是模仿动作和基本动作,如拍手、点头、摸脸蛋、拉耳朵、用手指点、吹号打鼓、开枪开炮、洗脸刷牙,以及自然现象、动物形态等;4～6岁幼儿的韵律活动能力有了较大增强,中班幼儿不仅应注意提高基本动作本身的难度,而且要提高基本动作与音乐配合的难度。另外,应进一步、不断地提高模仿动作和基本舞蹈动作的比例。到了大班阶段,模仿动作和舞蹈动作应为幼儿韵律活动的主要学习内容,以此来满足幼儿韵律活动能力发展的需要。

(2)动作难度要符合幼儿动作水平的发展。幼儿的动作能力发展是有限的,动作发展的一般规律为:从单纯动作到复合动作,从不移动动作到移动动作,从大的整体动作到小的精细动作。因此在韵律活动中,动作的选择和安排应充分体现循序渐进性。3～4岁的幼儿最容易接受的是不移动的单纯的上肢大动作,如站着或坐着用手做拍击动作,用手、臂做模仿动作等,随后幼儿才逐步学会单纯的下肢动作,如踏步、走步或小碎步等,然后才逐步学会做简单的上下肢联合移动动作,如边走小碎步边做小鸟扇翅膀的动作等;4～6岁幼儿可以较多地学习移动动作和复合动作,如学习手指、手腕、脚腕、眼睛、肩膀和膝盖等部位的动作。

3.道具的选择

(1)道具有助于增强活动的趣味性,促进对动作和音乐的表现,能帮助幼儿展开一定的想象和联想;

(2)道具的形象美观,便于携拿,不要过大、过重,使用规则简单;

(3)可以自己制造,但要牢固、实用。

(二)幼儿园韵律活动的基本模式

1."教师示范—幼儿模仿—反复练习"的韵律活动模式

(1)用容易引起幼儿学习兴趣的方法引出主题;

(2)用容易让幼儿清楚感知的方法反复示范新的动作或动作组合；

(3)用让幼儿容易接受的方法分析讲解动作要领或动作组合的结构等；

(4)用较慢的速度带领幼儿做动作或动作组合；

(5)采用各种不同的练习组织形式，不断地调动幼儿的积极性，让幼儿在反复练习的过程中，逐步达到熟悉掌握。

2."引导—探索—创编"的韵律活动模式

(1)引导幼儿观察有关的真实事物或在回忆与活动有关经验的基础上提出主题；

(2)让幼儿根据自己的观察或回忆创编有关动作；

(3)组织幼儿倾听、分析、体验音乐，并组织幼儿用讨论的方法，将自己创编的动作与音乐进行合理配置；

(4)让幼儿按讨论的结果随音乐做动作；

(5)根据幼儿表现的情况，组织幼儿相互观摩，并把幼儿创编的动作进行整理和归纳；

(6)找出幼儿创编动作中好的范例，让幼儿根据自己的意愿，随音乐自由借鉴吸收。

3."模仿—创造性发展"的韵律活动模式

(1)直接提出主题或在引导幼儿回忆有关经验的基础上提出主题；

(2)通过示范、模仿、练习的方式教幼儿学习基本动作，或把幼儿创编的某个动作作为基本动作；

(3)教给幼儿某种变化基本动作的方法，并引导幼儿跟随音乐练习创造出各种新动作；

(4)教给幼儿某种组合动作的方法，并引导幼儿用集体讨论的方法根据音乐创编动作的组合；

(5)带领幼儿跟随音乐将创编出的组合连贯起来表演；

(6)让幼儿进行独立的连贯表演。

(三)幼儿园韵律活动的指导要点

1.教幼儿按节拍做简单的动作,进行基本动作的训练

在组织韵律活动时，教师应先教会幼儿听音乐，并合着音乐的节拍，教些简单的动作，教师不仅要示范、解释，还应逐个了解幼儿，手把手地教幼儿，具体帮助幼儿学习某个姿势或动作，使幼儿从被动感受逐步变成主动地、正确地掌握动作。并且利用节奏训练、控制训练培养幼儿的节奏感和控制能力。

2.丰富幼儿的生活经验

幼儿年龄小，缺少生活经验，对某些事物的形象不能用动作准确地表达和模仿，为了丰富幼儿头脑中的形象，使幼儿的律动表演和模仿动作生动形象，并表达出一定的感情，应该通过实物观察、亲自动手、体验生活等方式丰富幼儿的生活经验，增强幼儿对于所要表现的形象的认识和理解。

3.多种形式激发幼儿的兴趣

兴趣是幼儿学习的内驱力，在丰富幼儿生活经验的基础上，教师还应运用形象有趣的教具、利用文学作品，以及教师示范的作用，调动幼儿学习和表演的积极性。

活动案例 8-2

大班音乐教育活动：我是小交警

活动目标

(1)进一步感受交警工作的重要和辛苦,激发对交警的尊敬之情。

(2)理解交通警察手势信号的意思。

(3)学习几种交通手势信号,能随音乐协调地表演律动。

活动重点

学习停止、直行、减速慢行、左转弯手势,能随音乐协调地表演律动。

活动难点

左转弯的手势动作。

活动准备

经验准备:幼儿观察交警指挥交通的手势信号;

物质准备:交警服装一套、小交警帽若干、多媒体课件、交通手势信号图片四组。

活动过程

1.谈话导入:回顾交警的工作

师:"你们知道交警工作的地方在哪里吗? 他们主要做哪些工作?"

2.基本部分

(1)观看录像,进一步感受交警工作的辛苦。

师:"你看到了什么? 你感觉交警的工作辛苦吗?"

(2)学习几种交通警察手势信号。

——说一说:知道的手势信号

师:"在没有红绿灯的情况下,交警是怎样指挥交通的? 你们都知道哪些交警手势信号? (幼儿说出动作,教师示范)你愿意学习交警手势吗?"

——看一看,学一学:手势信号

(出示交警手势信号图,依次介绍直行、停止、减速慢行信号及意思。请幼儿分组看图片自主学习,教师个别指导。)

——做一做:手势信号

(幼儿分别做直行、停止、减速慢行手势,教师根据幼儿动作,加以纠正规范。)

——教师与幼儿一起学习左转弯手势

(大屏幕出示左转弯手势,与幼儿一起学习左转弯手势的做法。)

(3)跟音乐做律动。

——幼儿编排律动顺序

师:"咱们把刚才学的手势信号连起来配上音乐进行表演,我们商量一下,先做哪个动作?"(教师根据幼儿说的动作顺序排列图片。)

——教师完整示范

师:"小朋友看我按这个顺序把律动做一遍。"

——幼儿集体练习

师:"我做得怎么样? 你们跟我一起来试一试,好吗?跟音乐做一遍。"

——请幼儿戴上交警帽练习律动,激发兴趣

——利用换岗形式分组练习律动

——观看交警比武录像,进一步激发学习兴趣

师:"咱们一起看一看交警手势大比武。(播放录像)你们觉得交警叔叔的动作怎么样?咱们像交警叔叔那样做一遍。"

——请幼儿展示表演,获得成功感受

3.结束部分

游戏:小司机

(幼儿扮演小司机,教师做交警,小司机要看交警的手势信号来驾驶。)

** 活动延伸**

引导幼儿进行角色游戏,轮流扮演小交警指挥交通。

三、幼儿园音乐欣赏活动的设计与指导

(一)幼儿园音乐欣赏活动材料的选择

选择适当的音乐欣赏材料是进行音乐欣赏活动的重要环节,音乐欣赏材料的选择直接关系到幼儿音乐欣赏的兴趣。

1.音乐作品的选择

为幼儿选择音乐欣赏作品包括歌曲和器乐曲。为幼儿选择音乐作品时,应该选择公认的优秀的音乐作品和最好的音乐音响。选择歌曲时,歌曲的内容、形象、情绪应为幼儿所熟悉、喜爱和接受;歌曲中的词应为幼儿所理解,如歌曲《小燕子》《丢手绢》等。选择器乐曲时,有名称和一定的内容、情节,往往描述某件事情或某种情景标题音乐更让幼儿喜爱,如《龟兔赛跑》《彼得和狼》等,这些音乐更具有图画性和戏剧性,更有助于幼儿想象和联想,也便于教师在设计教育活动时找到幼儿熟悉和喜爱的形象。在选择幼儿欣赏作品时,还要考虑作品内容的广泛性,可以包括反映社会、自然以及幼儿生活和内心世界的作品,还应包括不同时代的中外优秀的创作作品和优秀的民间音乐。

2.辅助材料的选择

为了帮助幼儿更好地感受和理解音乐,以丰富和加强其听觉感受,往往需要借助一定的辅助材料来帮助幼儿更好地体验、理解和表现音乐。一般包括动作材料、视觉材料、语言材料。动作材料是指与音乐的节奏、旋律、结构、内容、情感相一致的、简单的身体动作,在选择时,必须与音乐的性质相符,绝大多数的幼儿都能自然地做出动作。视觉材料是指形象具体地反映音乐的形象、内容、结构及节奏特点的可视性材料,如图片、录像、可活动的教具等,在

选择时,要注意视觉材料的特征必须与音乐的性质相吻合,同时还要注意视觉材料要生动、形象,具有较强的艺术感染力。语言材料是指形象地表达音乐意境的有声文学材料,如故事、散文、诗歌、童谣等,选择时应注意材料本身的特征要与欣赏的音乐作品相一致,真实而贴切地烘托出音乐作品所要表达的意境和气氛,还要注意材料的语言要优美,文学性强,充满儿童情趣,能为儿童理解与喜爱。

(二)幼儿园音乐欣赏活动的基本模式

1."整体倾听,层层深入"的音乐欣赏活动模式

(1)用容易引起幼儿学习兴趣的方式引出主题;

(2)在组织幼儿初次整体倾听的过程中,采用与其他艺术手段(美术、文字、语言、韵律活动)相结合,帮助幼儿感知和理解音乐;

(3)提出问题和要求,组织幼儿讨论,进行再次整体欣赏;

(4)运用与其他手段相结合的方法,组织幼儿反复地整体倾听;

(5)鼓励幼儿采用不同的方式进行表现与表达。

2."一一匹配"的音乐欣赏活动模式

(1)让幼儿通过其他材料感知、理解将要从音乐中感知体验到的形象、内容;

(2)让幼儿分别倾听音乐的有关段落,并引导幼儿集体探索、讨论,将音乐和非音乐的材料一一相互匹配;

(3)尝试用参与性、表演性感知体验的方法,完整地欣赏音乐作品。

3."从局部入手层层累加"的音乐欣赏活动模式

(1)从作品中找出最具有特色的某一个动机,如一个节奏型、一个旋律动机、一个乐句或者一个乐段,让幼儿集中进行感知体验;

(2)再从这个动机开始,逐步让幼儿感知体验以该动机为核心的某个乐段的形象;

(3)采用不同的方式,组织幼儿倾听其他乐段的音乐;

(4)让幼儿感知、体验整个作品的形象和情趣;

(5)在完整欣赏音乐的同时,组织幼儿进行创造性表达。

4."整、分、整"的音乐欣赏活动模式

(1)教师运用容易引起幼儿学习兴趣的方式引出主题;

(2)教师用语言并配合图片等直观教具向幼儿介绍音乐的主要内容;

(3)让幼儿完整地欣赏音乐作品;

(4)进行分段欣赏,让幼儿感受和理解乐曲的各个细节部分;

(5)组织幼儿谈论倾听的感受;

(6)让幼儿完整欣赏音乐,并鼓励幼儿创造性地运用语言、动作及图画形式,大胆地充分表现自己对音乐作品的感受。

(三)幼儿园音乐欣赏活动的指导要点

(1)组织幼儿初次完整倾听音乐的过程中,可利用图片、直观教具等多种手段帮助幼儿

感知、体验音乐作品的整体形象和情绪。教师应帮助幼儿打开多种感知通道,同时调动多种感官(视觉的、听觉的、动觉的、言语知觉的等),让幼儿在倾听音乐的同时还有机会用歌唱、跳舞、奏乐、倾听和朗诵文学作品、观赏或创作美术作品等活动方式参与到音乐进行的过程中去,以使幼儿在参与中更好地感受音乐,更好地表达对音乐的感受,更深刻地体会自己是活动的参与者、操纵者,更强烈地感受到音乐实践过程所带来的快乐。

(2)在音乐欣赏活动设计中,可有意识地让幼儿采用比较的方法,使幼儿对不同的音乐性质具有较深的印象,帮助幼儿区别音乐的不同情绪、性质,同时也可帮助幼儿对相同体裁、风格的乐曲进行归类,以达到从对个别乐曲感性上的认识,提高到对某一类型乐曲理性上的认识。

(3)幼儿倾听音乐的过程中,可通过谈话法帮助幼儿理解音乐作品的性质与内容。一方面,教师可以通过适当的提问,引起幼儿的注意,提问应紧密围绕作品的内容,适合幼儿已有水平;另一方面,在音乐欣赏过程中,对幼儿不易辨别的地方教师还应采用简明的提示,以提醒幼儿注意音乐的变化,还可以激发幼儿对作品产生想象,引导幼儿用语言来表达自己的感受并鼓励幼儿之间进行相互交流。

总之,教师应运用各种有效的教学手段与策略,从幼儿生活经验出发,促使幼儿在轻松、愉快的音乐欣赏活动中受到音乐美的熏陶。

活动案例 8-3

大班音乐教育活动:孙悟空棒打狐狸精

活动目标

(1)欣赏乐曲,体验用不同的艺术形式表达音乐感受时的乐趣。

(2)增强对音乐的感受力和表现力。

(3)感受乐曲的乐段,体验乐曲力度与速度的变化,能用自己的方式表现音乐。

活动准备

物质准备:flash 课件,图谱,手指偶,唐僧的头饰,音乐,指挥棒。

经验准备:对影视作品《西游记》故事及任务的了解。

活动重点

紧密地抓住音乐特性,借助动作表现音乐。

活动难点

引导幼儿感受到乐曲在速度、力度上的变化。

活动过程

1.情境导入:以孙悟空的角色导入,激发幼儿的兴趣

师:"你们看过西游记吗?喜欢孙悟空吗?今天老师来当孙悟空,小朋友们来当花果山的小猴子好吗?今天让俺老孙带你们去听音乐,孩儿们跟我来!"

2.欣赏音乐,体验、感受音乐的情绪变化

(1)完整欣赏音乐,初步感受音乐的情绪变化(无画面欣赏,说感受)。

师:"孩儿们,听这是什么音乐?仔细听,听完后告诉俺老孙,这首曲子有什么变化?这段音乐在声音上有什么变化?速度上有什么变化?这首曲子是从弱到强,从慢到快变化的。听了这段音乐,你想到了什么?"

(2)观看课件,运用故事初步理解音乐结构。

师:"这首曲子让俺想起了和师傅西天取经的事情,有一次碰到了一只狐狸精,孩儿们,你们看,这狐狸精很狡猾,多亏俺老孙会七十二变,孩儿们这一路上,俺老孙都是变成了什么来阻止狐狸精的?"

(3)出示图谱,分析音乐,用动作表现音乐。

师:"今天俺老孙把这棒打狐狸精的经过画下来,孩儿们看,每走完几条路(解决一个乐句,由4小节组成),狐狸精就要碰到倒霉的事情(每个乐句结束时的动作)。现在请孩儿们加上自己的动作,一边看着图谱一边听着音乐,来扮演狐狸精好吗?"

(4)深入理解音乐的特点,学习利用手指偶的艺术形式表现音乐。

师:"孩儿们今天俺老孙还给大家带来一样好东西,能让你同时既扮演狐狸精又扮演孙悟空,想不想让俺老孙给你变出来?"(幼儿跟着音乐自由表演)

3.合作表现音乐

(1)两位教师合作表演,幼儿安静地看、听。

师:"孩儿们想不想看一看俺老孙棒打狐狸精的经过,现在俺老孙就再表演给孩儿们看一看,孩儿们在看的时候注意看俺老孙的脚步变化。"

(2)幼儿两两合作表演,用肢体表现音乐。

(3)根据音乐创编故事。

4.回归音乐的真实名称,加深对音乐的理解

(观看乐队演奏乐曲《在山魔的官殿里》的课件)

师:"孩儿们,你们知道这个曲子叫什么名字吗?"

师:"其实这段有趣的音乐,还能变出好多有趣的故事,让我们一起去听音乐、编故事好吗?"

活动延伸

(1)在幼儿熟悉乐曲的基础上,学习用乐器演奏这首曲子。

(2)继续创编与音乐相匹配的故事。

(3)听音乐,用绘画的形式表现音乐。

四、幼儿园节奏乐活动的设计与指导

(一)幼儿园节奏乐活动材料的选择

幼儿园节奏乐活动材料包括打击乐器的选择、打击乐曲的选择和节奏乐器配器方案的选择。

1.打击乐器的选择

打击乐器的音色要好。一般来说,塑料制成的单响筒、双响筒、沙球、圆弧响板等,音色尚好,使用寿命长。乐器的形状、大小、重量适中,要适合幼儿持握。乐器的选择适合不同年龄段幼儿的动作发展水平,例如小班幼儿可以选用打击乐器大鼓、铃鼓、单面鼓、串铃和圆弧响板等的拍奏;中班幼儿可以选择木鱼、蛙鸣筒、小钹、小锣及铃鼓等的摇奏法;大班幼儿可以增加双响筒、三角铁、圆弧响板的捏奏法、沙球的震奏法和小钹的擦奏法。

2.打击乐曲的选择

为幼儿选择打击乐器的音乐时,应注意音乐要节奏清晰、结构工整和旋律优美、形象鲜明,同时还要考虑到为小班幼儿选择的音乐,最好是幼儿比较熟悉的歌曲或韵律活动的音乐。音乐的节奏比较简单,结构是短小的一段体,演奏时以齐奏为主,节奏变化不大。为中大班幼儿选择的音乐,除了可以继续选用歌曲或韵律活动音乐外,还可以选用一些器乐曲,音乐的节奏也可稍复杂一些,结构可以是一段体,也可以是两段体或三段体,且段落的旋律带有明显的对比性,适合启发幼儿用不同音色、音量的乐器和节奏型变化来加以体现,演奏时,可用不同乐器轮流演奏和合奏,不同乐器的节奏型也可不同,有时候一个乐曲可编配出不同难易程度的打击乐给不同的班级使用。

3.节奏乐器配器方案的选择

选择节奏乐器配器方案时,应适合幼儿使用乐器能力和适应变化的能力,要富有一定的艺术性,配器产生的音响效果能够与音乐原有的情绪、风格、结构相一致,既有对比又要具有整体统一感。

(二)幼儿园节奏乐活动的基本模式

1.“先整体、后部分”的节奏乐活动模式

(1)以容易引起幼儿兴趣的方式引出主题。

(2)欣赏乐曲,初步感知乐曲的情绪、风格和基本拍子。

(3)整体掌握配器方案。

(4)在熟练掌握总谱的基础上,进行分声部徒手练习。练习重点要求相互倾听、相互配合,初步建立整体音响效果。

(5)幼儿拿乐器在教师指挥下进入多声部乐器演奏练习。

(6)个别幼儿指挥,集体练习。教师应鼓励每个担任指挥的幼儿,根据自己的情况部分地改变原定的练习方案;每次方案改变后,教师一定要引导全体幼儿注意倾听,比较整体音响在结构和情趣上发生的变化。

(7)发展的练习。根据乐曲的需要和幼儿的愿望将特色乐器、加强乐器逐步加到乐队中去,每发生一种变化,教师都应引导幼儿倾听、比较并鼓励幼儿对这些变化加以描述。

2.“累加”的节奏乐活动模式

(1)以容易引起幼儿兴趣的方式引出主题。

(2)欣赏或进行简单的节奏活动,初步感知乐曲的情绪、风格和基本拍子。

（3）感知乐曲中最有特色、最复杂、最有独立性的声部，并引导幼儿创编配器方案。

（4）在充分掌握该声部的基础上，再将其他具有伴奏性质的声部一一加入。

（5）个别幼儿指挥，集体练习。教师应鼓励每个担任指挥的幼儿，根据自己的情况部分地改变原定的练习方案。

（6）教师指挥进入多声部乐器演奏练习。

（7）个别幼儿指挥，集体练习。教师应鼓励担任指挥的幼儿，部分改变原定的配器方案。每次方案改变后，教师一定要引导全体幼儿注意倾听，比较整体音响在结构和情趣上发生的变化。

（8）改进的练习。根据乐曲的需要和幼儿的愿望将特色乐器、加强乐器逐步加到乐队中去，每发生一种变化，教师都应引导幼儿倾听、比较并鼓励幼儿对这些变化加以描述。

（三）幼儿园节奏乐活动的指导要点

1.利用多种形式的导入活动，激发幼儿活动的兴趣

在集体的节奏乐活动中，利用多种形式的导入活动，激发幼儿的活动兴趣。例如，总谱学习导入、总谱创编导入、主要声部导入、主要声部创编导入、音乐欣赏导入、故事导入、韵律活动导入、歌唱导入等。

2.重视节奏乐活动的空间处理

节奏乐活动中，声部音色的混响效果与幼儿座位安排的有序性都是活动整体审美效果的有机组成部分。因此，教师要科学地对各乐器组空间位置进行合适的处理。在常规的节奏乐活动中，相同音色的一类乐器在空间处理时应集中安排在一起。如，"碎响音色"组（铃鼓或串铃）、"圆润音色"组（碰铃和三角铁）、"脆响音色"组（木鱼、单双响筒、响板）、"混响音色"组（大鼓和大钹）。幼儿园常规节奏乐活动中，乐队常见的排列队形有半圆形、单马蹄形、双马蹄形、品字形、满天星队形等。

3.教师指导节奏乐活动的特殊技术

（1）哼唱曲调的技术。幼儿在初学演奏时，跟随音乐录音比较困难，所以教师有必要用哼唱曲调的方法帮助幼儿随乐演奏。教师必须先将曲调背熟才能哼唱，哼唱时要正确使用唱名法，哼唱速度要与幼儿最舒适的演奏速度相一致；新音色或新节奏型开始时，要重新换气，用动作、音量、眼神表示"预备起"；在音色、节奏型转换前，要放慢速度。

（2）节奏语言提示技术。教师应学会和善于使用节奏语言提示技术。采用语言节奏提示的技术还必须与其他技术结合使用，如语言音色转换前放慢速度；用眼神、身体动作等提前暗示。在组织建立声部时，尽量使用手势和眼神，同时尽量减少语言提示。即使必须使用语言，也应该经常注意辅以相关的体态，如在声部转化之前，应提前将自己头部和目光转向下一个将要演奏的声部。有时，在幼儿初学演奏时，教师还要能做到既哼唱曲调又穿插节奏语言。

教师在进行指挥时，要使用击打节奏型的方法，而不要使用击划节拍的方法。必要时，要将幼儿演奏乐器的模仿动作做出来，以提示幼儿并减轻他们的记忆负担，使幼儿能够轻松、自如、正确地演奏和享受音乐。

活动案例 8-4

中班音乐教育活动:悯农

活动目标

(1)能进行两种节奏的合奏,并能不受相互的影响保持自己的节奏。

(2)学习看乐谱演奏歌曲,能辨别不同的节奏。

(3)进一步通过演唱和节奏乐的形式感受古诗的韵律及节奏。

活动准备

经验准备:对古诗《悯农》大意的理解。

物质准备:乐谱,录音机,打击乐(圆舞板、碰铃),头饰等。

活动过程

1.游戏导入:"音符找家。"

(幼儿头戴音符头饰,在地上的五线谱中,找到自己音符的所在位置,进一步巩固认识五线谱。)

2.节奏乐练习

(1)复习歌曲《悯农》。

(引导幼儿能较熟练地演唱歌曲,巩固认识打击乐器的名称,并能知道正确的使用方法。)

(2)出示打击乐乐谱,练习节奏型。

(教师引导幼儿分别进行两个乐谱的声势节奏练习,要求幼儿能通过练习,感受和辨别出不同的节奏特点,并看到自己打击乐的乐谱,打击节奏。)

乐谱一

| 碰 玲 | X - | X - | X - | X - | X - | X - | X - | X -‖ |
| 圆舞板 | X X | X X | X X | X X | X X | X X | X X | X X‖ |

乐谱二

| 碰 玲 | X X | X X | X X | X X | X X | X X | X X | X X‖ |
| 圆舞板 | XXX | XXXX | XXXX | XXXX | XXXX | XXXX | XXXX | XXXX‖ |

(3)随着音乐一起演奏打击乐。能保持自己节奏的稳定,不受干扰。

(4)边演唱边演奏打击乐。进一步感受两个乐谱节奏给歌曲带来的不同效果。

3.游戏:小音符找朋友

(幼儿头戴头饰,根据教师唱出的7个音符的不同节奏,辨别不同的音符。)

4.总结评价

活动延伸

可将乐谱和打击乐器投放在表演区,让幼儿在表演区自由地练习打击乐演奏。

悯 农

1=♭B 2/4

李坤 词
赵佳林 赵奉先 曲

$\underset{·}{2}$ $\underset{·}{2}$ $\overset{⌒}{\underset{·}{1}\ 2}$ 3 | $\underset{·}{2}$ — | 3 $\underset{·}{2}$ $\overset{⌒}{1\ 2}$ 6 | 5 — ||

锄 禾 日 当 午， 汗 滴 禾 下 土。

碰玲 X — | X — | X — | X — |
圆舞板 X X | X X | X X | X X |

6 6 $\underset{·}{1}$ 2 3 | $\overset{⌒}{2\ 1}$ 6 | $\underset{·}{1}$ 6 5 6 | 5 — |

谁 知 盘 中 餐， 粒 粒 皆 辛 苦。

碰玲 X — | X — | X — | X — |
圆舞板 X X | X X | X X | X X |

6 5 6 $\underset{·}{1}$ $\underset{·}{3}$ | $\overset{⌒}{2\ 1}$ 6 | $\underset{·}{1}$ 6 5 3 | 2 — |

谁 知 盘 中 餐， 粒 粒 皆 辛 苦。

碰玲 X — | X — | X — | X — |
圆舞板 X X | X X | X X | X X |

6 5 6 $\underset{·}{1}$ $\underset{·}{3}$ | $\overset{⌒}{2\ 1}$ 6 | $\underset{·}{1}$ 6 5 6 | 5 — ||

谁 知 盘 中 餐， 粒 粒 皆 辛 苦。

碰玲 X — | X — | X — | X — |
圆舞板 X X | X X | X X | X X |

本章习题

一、名词解释

　　1.幼儿音乐教育　　　　2.专门性的音乐活动

　　3.渗透性的音乐活动　　4.律动

二、简答题

　　1.简述幼儿园音乐教育的作用。

　　2.简述幼儿园音乐教育的总目标。

　　3.幼儿园音乐教育的内容有哪些？如何选择？

　　4.教幼儿舞蹈动作的方法有哪些？举例说明。

　　5.如何指导幼儿欣赏音乐作品？

三、案例评析题

请浏览下面歌唱活动方案,分析其设计是否合理,并说明理由。

大班歌唱活动:国旗多美丽

【活动目标】

(1)尝试探讨学习看老师的动作、口型理解歌词内容。

(2)学会唱出进行曲风格二四拍强弱感觉。

(3)体验国旗升起时,庄重自豪的激动心情。

【活动准备】

知识准备:认识国旗,带幼儿观看升旗仪式。

物质准备:录音机、伴奏带。

【活动过程】

1.动作导入,理解歌词内容

(1)"请小朋友注意看,老师做的动作哪些是一样的? 哪些是不一样的?"

幼儿多遍地观察动作,欣赏音乐,在找出一样和不一样的同时,学习庄严敬礼的动作。

(2)"你知道这些动作表示什么意思吗?"

孩子跟学动作的同时,教师讲解、解释歌词内容。

2.教师范唱歌曲

第一遍范唱:"老师唱的这首歌有两段词,请注意听,歌词哪里一样? 哪里不一样?"

第二遍范唱:"老师是用什么样的声音演唱的?""不一样的词是用什么动作表示的?"

3.幼儿学唱歌曲

第一遍:幼儿跟着教师边看动作的提示边跟唱,教师组织幼儿反思,"你们觉得自己唱得怎样?""你们是怎样记住歌词的?"

第二遍:看老师发音口型,幼儿猜歌词,帮助幼儿掌握记歌词的另一种方法。

"老师的动作帮助减少了,也不唱出声音了,你们能自己唱吗?"激发幼儿对学习的挑战欲望。

第三遍:"老师不唱了,动作帮助更少了,你会唱吗?"难点反复练习。组织幼儿自我评价。

教师不断组织幼儿反思,"你是怎样学唱歌曲的?"

第四、五遍:幼儿边表演边演唱。

4.谈话小结结束活动

"你今天开心吗? 为什么?"

四、设计题

1.设计小班"小小蛋儿把门开"新授歌曲活动方案。

2.设计中班"小红帽回家"律动活动方案。

3.设计大班"大象和小蚊子"打击乐活动方案。

第九章

幼儿园综合教育

第一节　幼儿园综合教育概述

目前,幼儿园综合教育正得到越来越多人的倡导和认同,综合教育课程已受到广大幼教工作者的重视和普遍运用。那么,什么是综合教育? 综合教育与综合教育课程有何不同? 为什么要开展综合教育? 综合教育课程有何特点? 本节将一一阐述。

一、幼儿园综合教育的内涵

说起综合教育,人们想到的也许就是开设综合教育课程。事实上,综合教育与综合教育课程并不完全等同,前者是进行教育或设计课程的一种观念和指导思想,后者则是综合教育思想指导下的实践产物,是一种具体的课程类型。

幼儿园的综合教育可以有三层含义:第一,深层次的综合是完全打破学科和领域的界限,以主题或活动为中心组成的课程(即综合教育课程),把学习内容融汇成一种新的体系;第二,综合教育作为一种教育观念或指导思想时,并不否认分领域的教育,而是试图建立各领域的联系,使领域之间的界限变得更有弹性。分与合可以根据实际需要而灵活变化;第三,在以某方面的教育为主的活动中,充分挖掘过去被大家忽视的其他方面的教育价值,也是一种综合。过去过分强调分科或分领域的教育,往往导致教师只注意某一科目或领域的教育价值,如幼儿园语言教育,只关注语言领域的教育价值,而对于语言活动中出现的人际交往问题或幼儿感兴趣的科学问题却往往被忽视。基于以上理解,幼儿园可以以综合教育的思想为指导,根据本地本园的实际,找准基点,进行不同层次、不同程度的综合教育。

综合教育课程就是把教育的主体、客体、中介及家庭、社会环境等各种教育要素综合起来,运用系统科学的理论,以各领域的知识内容为主导线索,有机地构成一系列教育主题,在强化课程整体系统功能的思想指导下对幼儿实施教育。

整合的理念是这一课程最好的体现。

二、幼儿园综合教育的意义

幼儿园综合
教育的意义

(一)有利于提高幼儿的学习效率

幼儿教育的对象是3~6岁的幼儿,幼儿心理发展水平决定了幼儿对事物的理解往往是笼统的、片面的,幼儿概括能力较低,对幼儿进行的教育不能过于分化,年龄越小越需要运用综合的形式、手段和方法去认识某个具体而综合的事物。综合教育将学科领域的知识整理交织成统一、有序、互为联系的知识体系,有利于幼儿吸收,提高学习效率。

（二）有利于提高教育的整体效益

综合教育，就是想办法整合各种教育因素，强调教育手段、教育方法、教育形式的协调配合，全面地落实幼儿教育任务，促进幼儿智能、身体、个性、情感、品德同步协调发展，提高教育的整体效益。

（三）有利于促进幼儿观察力、概括力、创造力的发展

活动中，通过操作、讨论、发现等方法，改变幼儿被动接受的学习模式，幼儿在活动中探索、讨论、学习独立地完成活动任务，自己寻找答案，能激发幼儿的求知欲，促进观察力、概括力、创造力的发展。

 ## 三、幼儿园综合教育课程的特点

（一）整体性

苏联教育家苏霍姆林斯基说："教师付出最少的劳动而获得最优的学习效果"，就"要以完整的、活动的观点来看待整个教学过程，以综合的观点来改进教学过程。"综合教育课程就是从幼儿发展的整体性出发，思考教育效果的整体性，即整体地思考教育目标、教育内容、教育方法和手段之间的联系和作用，使幼儿园教育更好地发挥整体功能。这种课程模式能有效地提高教师整体驾驭幼儿教育的能力。

（二）联系性

综合教育课程十分重视各领域之间的联系，各教育因素的联系，幼儿园和家庭、社会间的联系，防止在教育和教学过程中的相互割裂，以充分发挥教育因素的整合功能。

（三）集中性

幼儿是通过生活及其他活动来学习的，这些活动尤其是生活活动，往往是综合性的，涉及多方面的学习内容。一个阶段相对集中地开展某方面的活动，让幼儿获得的信息相对集中，这既便于幼儿在学习过程中对信息的编码、储存和运用，也有利于幼儿的知识经验的积累、思考、提炼和归纳。

 # 第二节　幼儿园综合教育课程的实施要求

幼儿园综合教育课程实施包含了教育内容、教育手段和教育过程三个方面的综合，以及主题活动、一日活动、个别活动三个层次的综合。

 一、三个方面的综合

(一)教育内容的综合

综合教育明确提出了学科之间综合的思想,并不是反对分科教学,而是反对分科课程中各科内容重复交叉,学科之间相互割裂。内容的综合涉及两个层面:一是课程中,前后内容之间的联系,即内容的纵向联系;二是不同的、相关内容之间的联系,即内容的横向联系。

1.教育内容的纵向整体性

教育内容的纵向整体性指的是同学科领域内容的顺序性联系,强调把每一个后继经验建立在前面经验的基础之上,由浅入深、由近及远,表现在以下两个方面。

(1)强调各学科领域内的综合。从当前我国幼儿教育的实践来看,每一个学科领域的教育内容是一个相对独立的体系。如,在科学领域中,有关于自然界的内容,有关于科技的内容,有关于数学的内容,这些内容有一定的独立性,甚至已自成体系,但在现实的课程中,应努力使这些内容之间尽可能地相互联系,有机结合。例如,关于动物的知识,经常地与关于植物的知识联系在一起,有时又跟一定的自然环境条件联系在一起,甚至还跟科技联系在一起,其中也很可能有分类、数量等数学内容。对于我国大部分的幼儿园来说,课程的综合首先应该关注的是学科领域内的综合。

(2)重视同一内容或主题在不同年龄阶段的整体性。例如,关于认识水的内容在每个年龄班都可以开展,但教育内容应由易到难,由浅入深,从小班"让幼儿感受水的无色、无味、无嗅、透明",到中班"让幼儿探索一些与水有关的物理现象",再到大班"探索固态、液态和气态的水以及相互变化的现象"。各年龄班目标既体现出层次性,又体现了内容之间的纵向整体性。

2.教育内容的横向综合

教育内容的横向综合是指在不影响各学科领域系统性的前提下,各科或领域之间加强联系与配合。学科领域活动中的横向综合主要有两个方面。

(1)在学科领域活动中,体现综合教育的理念。它是指在坚持某学科领域目标的前提下,同时关注其他学科领域的目标。例如,在语言教育活动中利用美术、音乐、舞蹈等艺术形式,这是语言教育活动中最为普遍的综合形式。通过美术、音乐、舞蹈等幼儿喜爱的艺术形式,既可以达成语言表达能力的目标,还可以激发幼儿的情感体验。如,文学活动"金色的房子",在引导幼儿感知、理解作品的同时,可以鼓励幼儿进行角色表演,在创造性的表演活动中,幼儿的情感和语言表述得以交融。但在开展此类活动时,应注意:艺术形式的选择要从活动内容出发,在一个活动中不宜出现太多的形式,如果又是唱,又是跳,又是画,反而会冲淡文学作品本身的意境。

(2)将某学科领域的内容渗透于其他学科领域的活动中,即将某学科领域内容以一种隐性的方式出现在其他学科领域的活动中。例如,在语言教育活动中,我们可以通过显性的、直接的方式学习语言,理解语言所表达的意思,而在科学、艺术、社会等其他学科领域的活动中,我们则是通过一种隐含的方式发展幼儿的语言。事实上,科学、艺术、社会等领域活动为

幼儿提供了丰富的语言表达内容,教师在这些活动中需要注意的是:如何让幼儿将自己的想法、发现、问题和回答用自己的语言表达出来,发展幼儿的语言。

(二)教育手段、形式、方法的综合

综合教育主张综合运用多种教育手段、形式和方法。教育手段、形式和方法的综合可以在课程设计的过程中进行,也可以在经验活动展开的过程中进行,但较为重要的是在现实的教育活动中进行综合。对教育手段、形式和方法的综合是确保综合教育取得应有成效的关键。

(1)综合教育课程的实施要求教师改变过去单一的课程教学模式,充分运用集体教学、游戏活动、日常生活活动等多种教育途径,综合运用各自的优点,优势互补,发挥各自独特的作用。

(2)综合教育课程的实施要求教师根据教育目标及内容,根据幼儿的需要和兴趣,从幼儿的学习特点出发,充分挖掘和利用现实生活中广泛的教育资源,开发形式多样、新颖活泼、具有趣味性的多种多样的活动。如,让幼儿从事探索和发现性的活动,观察和参观性的活动,调查和访问性的活动,查找和阅读性的活动,交流和讨论性的活动,感受和体验性的活动等。

(3)综合教育课程的实施要求充分体现幼儿在活动中的主体地位,重视采用多种方法,如操作、讨论、发现等,让幼儿动手、动脑、动口,从做中学,在与环境、与物、与人的相互作用中获得发展。

(三)教育过程的综合

综合应贯穿于整个教育过程,具体表现在以下三个方面。

1.教师的"教"与幼儿的"学"综合考虑

教师的"教"与幼儿的"学"综合考虑,即教师如何"教"应充分地考虑到幼儿如何"学"。因此,教师在方法的选用上、在语言的表达上,甚至在对幼儿提出的问题上,一定要设身处地地站在幼儿的角度上来考虑,以保证教师"教"的有效性和幼儿"学"的有效性。

2.教育内容与教育环境综合考虑

为了活动的顺利开展,教师要考虑活动开展过程中,要创设哪些环境与资源:如需要哪些相应的活动区,活动区需要投放哪些材料,如何围绕教育内容创设相应的环境,以及如何利用家长资源、社区资源,等等。还要考虑如何使这些方面形成教育合力,更好地为教育活动服务。

3.教育过程与教育目标综合考虑

教育过程的综合最终目的是促进幼儿身心全面和谐发展,对于任何一个教育内容、任何一项教育活动,教师都应充分挖掘其中可促进幼儿发展的因素,遵循幼儿身心发展的规律,从促进幼儿全面发展的角度出发,重视幼儿能力、情感和社会性的培养。

二、实现三个层次的综合

(一)主题活动的综合

主题活动又称"综合主题活动",是指在一段时间内,教师以幼儿发展所需的某个核心

知识经验为中心来组织教育教学活动。综合主题活动以"主题"的形式将幼儿园各学科领域中相互联系的内容有机地联系在一起,让幼儿在主题活动中获得较为完整的经验。

1.主题活动的类型

(1)跨学科或领域综合。

跨学科或领域综合,即将课程中同类或相关的知识归纳起来,合并同类项并以跨越学科的内容作为课程核心。领域之间的综合有多种水平,有两个领域之间的综合,多个领域之间的综合;有领域之间的零星联系,多点联系和密集联系。在一个课程中,可能不同的领域间联系和综合的水平是不同的。如,综合主题活动"海底世界",这一活动所涉及的领域有科学、语言、艺术和社会,是明显的跨领域综合。

(2)超学科或领域综合。

超学科或领域综合,即完全超越学科的界限,课程以现实生活中的真实问题为核心,展开专项研究或探索。其特点是学科界限不存在,以现实问题为主题或焦点,内容由幼儿的兴趣、需要而定,而不受任何学科指引而预先确定,如"生成课程"就是主题综合活动的最高境界。在活动过程中,教师和幼儿不断发现新的活动线索,这些新线索,能把活动不断引向深入。因此,活动的生成,要求教师有一种生成意识、生成能力,对幼儿的新的需要、新的兴趣、新的发现有接纳的态度。只有这样,活动的生成才能实现,计划的活动和非计划的活动才能综合,幼儿现有的经验才能与新的经验实现综合。

2.主题活动的设计步骤

主题活动的具体组织与开展形式是多种多样的,一般来说,主题活动的设计包括以下几方面。

(1)选择与确定主题。

选择与确定合适的主题,是开展主题活动的第一步。在选择与确定主题过程中,需要考虑的因素有:幼儿的需要、兴趣、生活、已有的经验等;主题中蕴含的可能的教育价值,可能涵盖的教育内容;教师的素质;可以利用的教育资源;已经开展过的主题与该主题的联系;主题中蕴含着哪些可能的学科知识、学习契机等等。

选择与确定主题以后,用幼儿熟悉、喜欢、易记的,能引发幼儿探索与体验的名称给主题命名。比如,"我最喜欢的一种小动物"就比"认识小兔子"的主题相对好些,容易让幼儿感到这个主题是与自己有关系的。主题命名从偏重"怎么教"转移到考虑"怎么学",反映了教育观的转变。

(2)确定主题活动目标。

主题活动目标的确定,需要综合考虑幼儿园总目标、主题中蕴含的价值、本班幼儿具体情况等诸多因素。

一个有意义的主题,教育的价值是多方面的,因此要从促进幼儿身体动作、语言发展、社会性发展等诸多方面思考主题的价值,并立足于幼儿的行为变化来确定主题的目标。例如,大班"海底世界"主题,活动目标为:

① 通过参观或收集活动,知道海底有各种各样的海洋生物,了解海洋生物保护自己的方式,激发对海底世界的探索兴趣;

② 通过对海底动物的观察,能进行仿生联想,大胆表达海底世界的各种奇观;

③ 运用画、折、剪、贴等技能,发挥想象进行个性化的审美表达与创造;

④ 在欣赏音乐的基础上,能创编表演各种海底生物的动作,并能大胆地随着音乐协调律动;

⑤ 能用各种方式表现自己对海底世界的认识,培养热爱大自然的情感和保护生态的意识。

以上目标至少具有四个方面的潜在价值,即科学认知、语言表达、艺术表现与创造和社会性发展几个方面。

(3)选择主题活动内容。

主题内容的选择就是主题可包含的具体活动容量,它决定着将以哪些类型的活动来组织幼儿的学习以及学习哪些具体的经验。

根据主题活动的目标、幼儿的需要和兴趣、可以利用的教育资源等因素,设计一系列活动内容。一个涵盖课程领域较广的主题,有利于幼儿获得均衡的学习经验,也有利于安排各种不同类型的活动。

(4)主题活动方案结构。

主题活动方案结构包括主题名称、主题说明、主题目标、主题网络及主题系列活动。主题系列活动指的是逐一设计主题网中的各个活动,一个完整的活动设计框架主要包括活动名称、活动目标、活动准备、活动过程、活动延伸等。

需要说明的是,这些在主题综合活动具体开展前列出的主题活动名称、目标等是一种计划,在具体开展过程中,由于各种因素的影响、可以进行相应的调整。

(二)一日活动的综合

一日活动的综合就是把一日活动的各个环节组成连续的教学过程,不停留在互相分割的各个片断上,把一日的各项活动综合成一个教育整体。

幼儿在园的一日生活包括多种多样的活动,即学习活动、游戏活动及生活活动。幼儿园课程的实施应关注各类活动之间的有机联系,强调一日活动的综合,寓教育于各项活动之中,充分发挥游戏活动与生活活动的教育价值。如,主题活动"好听的声音":通过晨间活动,让幼儿寻找大自然的声音;通过科学实验,了解声音的产生;通过欣赏故事《小灰老鼠的故事》,感受三种小动物不同的脚步声;通过游戏活动"打电话",感受声音的传播;通过艺术活动"小小演奏会",分辨乐音和噪音;通过生活活动,感受周围不同的声音。这样,幼儿在生活和游戏中感知声音,在科学和艺术活动中探索声音的特性,了解声音在生活中的运用。做到在生活和游戏中学习,学习联系生活,游戏反映生活、反映学习,真正实现一日活动的综合。

(三)个别活动的综合

个别活动的综合是指每项活动应尽可能在各个部分自然地有机联系中进行,一环扣一环,层层递进。没有不涉及其他领域只能进行某个领域学习的活动,任何活动都可以实现领域间的渗透。如,"亲亲泥土",这项活动改变了以往认识泥土的单纯的常识教学的状况,把科学领域、艺术领域和语言领域等内容有机地渗透进去,从对泥土的认识,到收集、欣赏陶艺作

品,再到自己动手制作泥制品,最后展示、讲解创作的泥制品等,层层递进,环环相扣,这样做,能使幼儿在一个活动中获得更多的有益经验,这种渗透是自然的、有机的,而不是拼凑的。

 ### 三、实施综合教育应注意的问题

实施综合教育
应注意的问题

(一)综合本身不是目的,而是手段和方法

由于综合课程具有特殊的教育作用,有些教师盲目地把综合作为目的,使综合教育包罗万象,而未考虑到主题下各方面的教育内容是否具有相关性,也未考虑统筹各领域教育内容的主题是否在幼儿的生活经验范围或理解范围之内。其实,在综合教育的各个主题中,强行纳入每一个领域的教育内容,是不需要、也不可取的。能否把某一领域的教育内容综合到某一主题中,关键要看能否促进幼儿对主题概念的理解,是否能创造幼儿的有意义的学习。

(二)各领域的教育内容必须自然联结

综合教育不是"拼合"教育,也非"多学科"教育。综合教育的实质是把本来具有内在联系而又被人为割裂的内容重新整合为一体的教育模式。这种内在的联系须是自然的、真实的,而非人为的、勉强的。综合课程的主要目的是以幼儿有兴趣的问题和主题作为课程的开展和结束,对主题概念充分探讨,并以概念来统整各领域的知识。

(三)综合教育并非抛弃所有的学科知识

实施综合教育并非抛弃所有的学科知识,每个领域都有促进幼儿发展的关键经验,以前只重视知识点的传授和知识量的积累,而现在则需要激活这些知识,让幼儿利用它们来解决问题,来促进自己思维和能力的发展。可以说,主题是一种组织形式,各领域的关键经验是内容。只有形式而无内容的东西是空泛无意义的,只有内容而无形式的东西则是枯燥乏味的。只有两者的合理结合才能发挥最大的教育价值。

四、幼儿园综合教育活动案例及评析

活动案例 9-1

大班综合教育活动:海底世界

 主题活动说明

"海"是幼儿感兴趣的话题,对于神奇的海洋,幼儿充满了好奇,经常问这问那:"海底有什么?""海洋鱼是什么样子的?""它们是怎样保护自己的?"为了满足幼儿的求知欲望,让幼儿对海洋产生更大的探索兴趣,我们和幼儿一起开展此次活动——探索"海底世界"。

主题活动目标

(1)通过参观或收集活动,知道海底有各种各样的海洋生物,了解海洋生物保护自己的方式,激发对海底世界的探索兴趣。

(2)通过对海底动物的观察,能进行仿生联想,大胆地表现海底世界的各种奇观。

(3)运用画、折、剪、贴等技能,发挥想象进行个性化的审美表达与创造。

(4)在欣赏音乐的基础上,能创编表演各种海底生物的动作,并能大胆地随着音乐协调律动。

(5)能用各种方式表现自己对海底世界的认识,培养热爱大自然的情感和保护生态的意识。

活动一 奇妙的海底世界

活动目标

(1)知道海底有各种各样的海洋生物,能用比较完整的语言大胆地讲述自己获得的信息,乐于分享他人的经验。

(2)能在游戏活动中对海洋生物进行分类,体验参与活动的乐趣。

活动准备

(1)收集有关"海底世界"的资料、海洋动物标本以及若干图书。

(2)《奇妙的海底世界》碟片。

(3)海洋生物卡片若干套,海底背景图两幅。

活动过程

1.经验分享

这几天,我们搜集了关于海底世界的资料。今天,我们都来说一说,把你知道的海底世界的知识告诉大家,好吗?

小结:海洋是一个神秘的世界,更是一个美丽的地方,那么,海底还有些什么呢?现在我们一起来欣赏短片。

2.观看碟片《奇妙的海底世界》,边观看边谈话

(1)刚才我们观看了海底世界,请小朋友说一说,你看到的海底是什么样的?

(2)说一说,海底有哪些动物?有哪些植物?

(3)你看到的水族馆与看过的图书资料里有哪些奇妙有趣的海底奇观?你最喜欢的是什么?

3."找朋友"游戏

游戏规则:分别将海底动物、植物卡片贴到相应的背景图上。

游戏玩法:每人一张海洋生物卡片,请幼儿仔细看看手中卡片,想一想,它是海底动物还是植物,然后给它找"朋友",把海底动物卡片贴到海马背景图上,把海底植物卡片贴到海藻背景图上。比一比,看谁贴得又对又快。

4.海底知识大比拼

(1)将幼儿分成海马队和海藻队,分小组讲述海底动、植物的特征及生活习性。要求幼儿轮流、轻声地用完整的语言连贯讲述,并注意倾听同伴的讲述。

(2)每组推选一个幼儿讲述。教师用投影仪协助幼儿讲述。

海马:海马不是马,是鱼,能直立游泳,海马是海马爸爸生的。

海蜇:能吃,营养丰富,美味爽口。

章鱼:章鱼不是鱼,是一种软体动物,可以喷墨,章鱼妈妈产的卵是长长的,卵产下后章鱼妈妈就死去了。

(3)每介绍一种获得一朵贴花。最后统计获得贴花情况,给获胜组发奖。

🖐 活动延伸

看有关的图书资料,听广播,看录像、电视或向成人请教,了解更多的海洋知识。

活动二　各种各样的鱼

🖐 活动目标

(1)在欣赏海洋生物的基础上,能说出常见的海洋鱼类的名称及外形特征。

(2)运用画、剪、撕、贴等技能制作鱼,培养动手操作能力和创造能力。

(3)在活动中体验自主制作的乐趣,享受个人作品与他人作品组合成大型成果的快乐。

🖐 活动准备

(1)活动前,组织幼儿参观海洋馆或观看海洋馆碟片。

(2)常见海洋鱼的图片。

(3)水彩笔、油画棒、图画纸、电光纸、皱纹纸、剪刀、胶棒、纸杯、纸盘、透明胶条等。

(4)在活动室内,创设海洋馆环境的墙饰。

🖐 活动过程

1.以谜语形式导入活动

谜语:

不是船儿水中游,

摇摇尾巴点点头,

深海浅水都能去,

味道鲜美营养多。[谜底:鱼]

2.能说出常见海洋鱼的名称,了解鱼的外形特征

(1)前几天,我们一起参观了海洋馆,在那里我们看到了许多鱼,请小朋友说说,你们看到了哪些鱼?(燕鱼、鲨鱼、气鼓鱼、章鱼、射水鱼⋯⋯)

(2)出示海洋鱼图片,讨论:这些是什么鱼? 它们长得什么样?

(3)幼儿分组自由交流,每组请一个幼儿小结。

鱼的种类非常多,它们的身体形状各种各样,有的鱼像条带子,有的鱼像个鱼雷,有的鱼像个梭子,有的鱼身上长满刺,有的鱼能变颜色,有的鱼会飞⋯⋯

3.运用画、剪、撕、贴等制作鱼,激发幼儿制作的兴趣

(1)小朋友都特别喜欢去海洋馆看鱼,今天,老师想请小朋友一起动手来制作你喜欢的鱼,放在咱们班的"海洋馆"中。

(2)讨论:你们想用什么方法制作鱼?

(3)幼儿分组制作各种各样的鱼。

① 教师分别介绍材料,幼儿自主选择活动形式。

② 教师分组指导。

剪纸组:重点指导幼儿运用对称的方法剪鱼,在此基础上鼓励幼儿大胆镂空,剪出不同形态及花纹的鱼。

绘画组:重点能画出鱼的外形特征,并大胆运用颜色较均匀地涂出其美丽的花纹。

撕纸组:教师根据幼儿能力提供不同材料,一种沿线撕,一种脱线撕。

手工制作组:根据纸杯及纸盘的形状粘贴上鱼眼睛、鱼鳃、鱼鳍等,鼓励幼儿大胆装饰。

4.装饰墙饰"美丽的海洋馆"

(1)师生共同布置"海洋馆",幼儿将自己的作品随意粘贴在墙上。

(2)请幼儿简单介绍自己的作品:如是用什么方法制作的,制作的是什么鱼等。

(3)请幼儿共同给海洋馆起名字。

5.总结

今天,我们做的"海洋馆"可真漂亮,以后小朋友要做小小发现家,看海洋里还有哪些鱼,并制作出来放到我们的"海洋馆"里。

🐾 活动延伸

(1)把橡皮泥放在活动区,让幼儿用橡皮泥捏各种海底的动、植物。

(2)在日常生活中,吃带鱼、鲳鱼、鳊鱼等海鱼,知道海鱼味道鲜美、营养丰富。

活动三　快乐的海底世界

🐾 活动目标

(1)在欣赏音乐的基础上,创编表演各种海底生物的动作,并能跟着音乐进行协调律动。

(2)乐于创编动作,发展在音乐活动中大胆表现的能力。

🐾 活动准备

(1)《水族馆》音乐碟片。

(2)音乐磁带《小鱼和水草》、录音机。

(3)小鱼、水草头饰若干。

🐾 活动过程

1.欣赏音乐碟片《水族馆》后,边讨论边表演

(1)你听到了什么? 你看到的大海是什么样子的? 你会用身体动作来表现吗? (引导

幼儿用动作表现相关情景:有时,微风轻轻吹过,海面泛起小小的波浪;有时,大风吹过,海水也会卷起高高的浪花。)

(2)大海一望无际,如果几个小朋友合作表演,我想肯定会更精彩,你们愿意来试一试吗?

2.幼儿跟着音乐将看到的动作自由表现出来

海里的动物最活跃、最自由,动动你的身体来模仿它们,让我猜猜你模仿的是谁? 可以一个人模仿,也可以与好朋友合作试试看。

(1)幼儿自由模仿海洋动物。

(2)与好朋友合作,讨论模仿的动物(如:螃蟹、鱼、虾、乌龟、章鱼等)。

3.动作展示

(1)分别请2~3个幼儿随着音乐展示模仿动作,请其他幼儿猜猜模仿的是谁?

(2)集体大造型:幼儿以小组为单位,把看到的海洋动物来一个大组合,并跟着音乐表演相应动作。

4.音乐游戏:小鱼和水草

玩法:幼儿戴上小鱼或水草的头饰,听音乐《小鱼和水草》,模仿小鱼在水草中自由自在畅游和相互嬉戏的情景。

🐾 活动延伸

欣赏动画片:海的女儿。

活动四　海底世界展览会

🐾 活动目标

(1)收集各种各样的海产品,交流分享海底世界的秘密,并能大胆讲述自己的发现。

(2)对各种海产品进行分类,布置海产品展览。

(3)了解海产品的多样性及其与环境的关系,爱护动物,有初步的环保意识。

🐾 活动准备

(1)有条件的家庭可以带幼儿参加一些服装、家电或食品等的展览会,引导幼儿体验相关的服务内容。

(2)制作海报、请柬,邀请家长参加展览会。

(3)分组准备展览会所需的物品:如送给家长的礼物(折的鱼、虾、蟹等,画的海洋鱼卡片等);各种海洋鱼的图片;贝类饰品、菜场找寻可以食用的海洋生物、超市找寻用海洋生物制成的干货等。

(4)被污染的海洋图片一张(海面漂浮着塑料袋、盒子等垃圾,黑色的海水),《小鱼的哭泣》录音带、录音机。

活动过程

1.幼儿相互介绍,讨论搜集来的海产品

海洋生物丰富多彩、各不相同,小朋友搜集了很多海产品,大家说说你们都搜集了哪些海产品。

2.鼓励幼儿将搜集的海产品分类展览

请你们想一想,可以分几组来摆放海产品?想好后,请各个小组分头布置展览。

3.交流分享,幼儿分组介绍展览的海产品

(1)贝类展览区:幼儿介绍各式各样的海贝类生物及各式各样的装饰品。

小结:贝类生物不仅可以吃,还可以做美丽的装饰。

(2)海洋鱼(图片)展览区:幼儿介绍海洋"鱼"的名称、主要特征。

小结:大海里有成千上万的鱼,它们都有着自己特殊的本领,既有趣又有用。

(3)海产品展览区:幼儿介绍可食用海产品的名称及用途。

小结:大海为我们提供了很多既美味又有营养的食品。

(4)被污染的海洋图片展览区:播放《小鱼的哭泣》录音,幼儿介绍海水污染对海洋生物的影响。

小结:由于我们不注意保护海洋环境,致使海水遭受了严重的污染,海洋生物越来越少。我们要爱护大海,保持海水清澈,保护海洋生物。

4.游戏:海产品大派送

玩法:每个幼儿拿一个礼物,送给家长,送的时候要介绍其名称、外形特征或用途。

活动延伸

(1)在日常生活中,品尝海产品,能说出海产品的名称并与家长交流。

(2)调查海水污染给海洋生物带来的灾难,教育幼儿有初步的环保意识。

活动评析

"海底世界"是个老教材,以往常规教法是:教师讲讲,放放录像,幼儿看看、听听,有时也说说。整个学习过程幼儿较多地处于被动地位,获取的知识、信息也比较有限。本次主题综合活动,活动前要幼儿自己查找、搜集有关资料,寻找答案。这一过程帮助幼儿了解到:获取信息的途径是多种多样的,学习的方法也是多种多样的。在集体活动中,小组内幼儿轮流讲,再推荐代表参与集体竞赛性游戏,交流面广,信息量大,幼儿兴趣高。而且,这样的点、面结合,使幼儿人人都有表现能力、发表意见的机会与条件。

 **本章习题**

一、名词解释

　　1.幼儿园综合教育　　　2.综合教育课程　　　3.主题活动

二、案例评析题

　　选择你观摩过的一个幼儿园综合教育活动,尝试对该活动进行评析。

三、设计题

　　请设计"美丽的伞"(年龄班自选)主题综合教育活动方案。

　　要求:1.主题目标设计准确。

　　2.以主题为主线,设计主题网。

　　3.主题网尽量包括五大领域七个系列的内容。

参 考 文 献

[1] 吴慧鸣.幼儿教育教学活动设计案例精选[M].北京:北京大学出版社,2012.

[2] 黄瑾.幼儿园教育活动设计与指导[M].上海:华东师范大学出版社,2014.

[3] 彭海蕾.学前儿童社会教育与活动指导[M].北京:教育科学出版社,2012.

[4] 甄丽娜.幼儿园教育活动设计与指导[M].北京:北京师范大学出版社,2016.

[5] 倪志明.幼儿园教育活动设计与指导[M].上海:华东师范大学出版社,2015.

[6] 丁海东.保教知识与能力(幼儿园)[M].北京:北京大学出版社,2014.

[7] 丁海东.保教知识与能力(幼儿园)练习册[M].北京:北京大学出版社,2014.

[8] 杨旭,杨白.幼儿园教育活动设计与指导[M].上海:复旦大学出版社,2014.

[9] 唐广勇,李勤敏,刘红花.幼儿园语言教育活动设计与指导[M].长沙:湖南大学出版社,2014.

[10] 贾素宁,李广兴,马金祥.学前儿童语言教育与活动指导[M].长沙:湖南师范大学出版社,2016.

[11] 徐晶.幼儿教育活动精彩案例解读[M].北京:首都师范大学出版社,2008.

[12] 陈晓芳.幼儿科学活动设计与指导[M].北京:北京师范大学出版社,2013.

[13] 王栋材,彭越.幼儿园教育活动设计与指导[M].长沙:湖南大学出版社,2014.